Matemática para Ensino Fundamental

Caderno de Atividades
3º ano

Organizadoras: Luciana Pereira da Silva
Luciana Maia Vasques
Silvia Maria Carvalho Brambilla

Coordenação: Álvaro Zimmermann Aranha

4ª Edição

Editora Policarpo

Nome: ____________________

Turma: __________ Nº : __________

São Paulo
2022

Digitação, Diagramação : Sueli Cardoso dos Santos - suly.santos@gmail.com
Elizabeth Miranda da Silva - elizabeth.ms2015@gmail.com

contato@editorapolicarpo.com.br

Capa: Lisie De Luca - lisiedelucca@gmail.com - www.flickr.com/lisiedeluca

Dados Internacionais de Catalogação, na Publicação (CIP)

(Câmara Brasileira do Livro, SP, Brasil)

Coordenação do projeto: Aranha, Álvaro Zimmermann.

Organizadoras: Silva, Luciana Pereira da. Vasques, Luciana Maia.

Brambilla, Silvia Maria Carvalho.

Matemática / Luciana Pereira da Silva, Luciana Maia Vasques,
Silvia Maria Carvalho Brambilla.
- São Paulo: Editora Policarpo, 4ª **Edição - 2022**
ISBN: 978-65-88667-09-5
1. Matemática 2. Ensino Fundamental
I. Silva, Luciana Pereira da II. Vasques, Luciana Maia
III. Brambilla, Silvia Maria Carvalho.
IV. Matemática para Ensino Fundamental 3º ano - Caderno de Atividades.

Índices para catálogo sistemático:

site: http://editorapolicarpo.com.br

EDITORA POLICARPO LTDA

Loja pavimento térreo do Edifício Maria Antonieta

Rua: Dr. Rafael de Barros, 252

São Paulo – SP – CEP: 04003 – 041

Tels.: (11) 3284 – 8916 / (11) 4306 – 4903

e – mail: contato@editorapolicarpo.com.br

APRESENTAÇÃO

Você já percebeu como a Matemática está presente em seu dia a dia? Ela tem um papel importante na sua vida!

Preparamos este Caderno de Atividades para ajudá-lo(a) a sistematizar alguns conceitos e desenvolver seu raciocínio matemático.

Neste material, você encontrará alguns cálculos para resolver mentalmente e outros para resolver utilizando várias estratégias, além de situações-problema e várias outras propostas. As atividades poderão ser feitas em sala de aula ou em casa, de acordo com as orientações de seu professor.

Desejamos que aprecie as propostas e aprenda muito com elas!

Índice

ADIÇÃO COM REAGRUPAMENTO

Como você resolveria este algoritmo?

	C	D	U
	3	1	2
+	1	4	8

Explique por escrito como você pensou.

Com sua professora, registre os procedimentos que usamos na adição com reagrupamento desenhando o Material Dourado.

213 + 147 =

Agora, no quadro de ordens, resolva o algoritmo usando os procedimentos para fazer o reagrupamento.

	C	D	U
	2	1	3
+	1	4	7

Registre, nas linhas abaixo, os procedimentos usados para fazer o algoritmo da adição com reagrupamento.

1 Resolva as adições de duas maneiras diferentes. Primeiro usando o desenho do Material Dourado e depois fazendo o algoritmo da adição. Para ajudar, já desenhamos o Material Dourado do maior número de cada adição. Agora é só continuar. Não se esqueça de fazer as trocas quando elas forem necessárias!

a) 258 + 132 = ______________

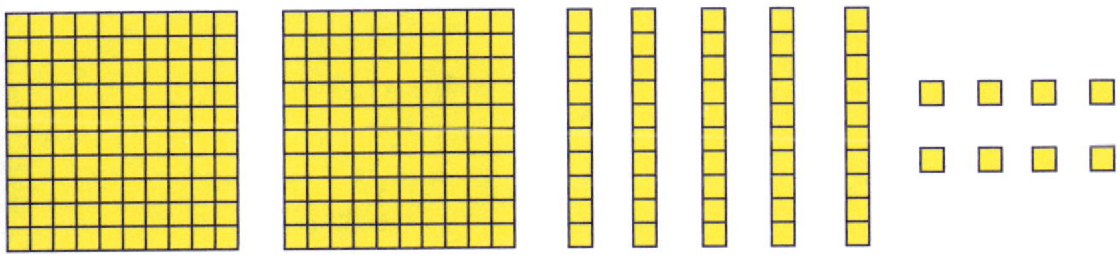

	C	D	U
+			

b) 347 + 213 = ______________

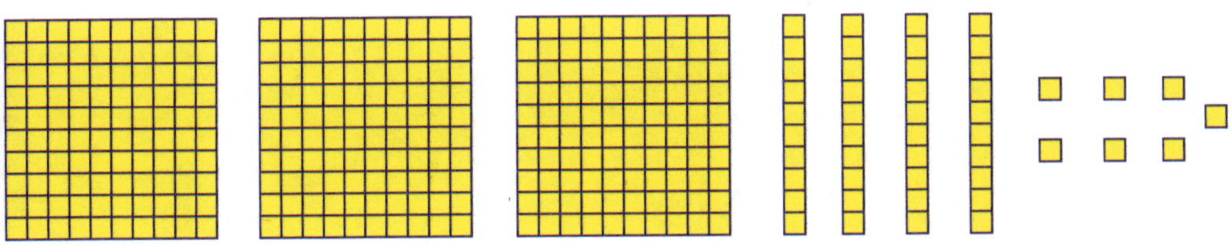

	C	D	U
+			

DISPOSITIVO PRÁTICO PARA ADIÇÕES

2 Arme e em seguida efetue as seguintes adições (Observe o item(a) que já está resolvido).

a) 25 + 36 =

$$\begin{array}{r} \scriptstyle 1 \\ 25 \\ +\ 36 \\ \hline 61 \end{array}$$

b) 46 + 55 =

c) 49 + 25 =

d) 39 + 28 =

e) 15 + 79 =

f) 52 + 38 =

g) 245 + 569 =

h) 647 + 79 =

i) 448 + 272 =

j) 351 + 175 =

k) 456 + 180 =

l) 257 + 381 =

3 Arme e em seguida efetue as seguintes adições (Observe o item(a) que já está resolvido).

a) 234 + 575 =	b) 388 + 344 =	c) 267 + 719 =
d) 654 + 177 =	e) 328 +189 =	f) 286 + 662 =
g) 66 + 140 + 290 =	h) 291 + 67 + 120 =	i) 69 + 393 + 15 =
j) 174 + 498 + 56 =	k) 276 + 523 + 14 =	l) 80 + 667 + 78 =

Exemplo do item a):

$$\begin{array}{r} \scriptstyle 1 \\ 234 \\ +\ 575 \\ \hline 809 \end{array}$$

TERMOS DA ADIÇÃO

Você sabe o que significa termos da adição? Veja a imagem abaixo.

	C	D	U	
	3	2	4	PARCELA
+	1	5	3	PARCELA
	4	7	7	SOMA OU TOTAL

	C	D	U	
	1	5	3	PARCELA
+	3	2	4	PARCELA
	4	7	7	SOMA OU TOTAL

	C	D	U	
	1	5	3	PARCELA
+	3	2	4	PARCELA
	1	0	2	PARCELA
	5	7	9	SOMA OU TOTAL

Registre suas descobertas:

___

___

___

___

PROVA REAL

Quando você resolve uma adição, como faz para conferir se acertou?
Vamos ensinar um jeito de verificar se você acertou o algoritmo. Veja o exemplo:

	C	D	U
	3	2	4
+	1	5	3
	4	7	7

	C	D	U
	4	7	7
−	1	5	3
	3	2	4

OU

	C	D	U
	3	2	4
+	1	5	3
	4	7	7

	C	D	U
	4	7	7
−	3	2	4
	1	5	3

Para verificar se acertou a adição, pegue a soma ou total e escolha uma das parcelas, para fazer uma subtração. O resultado deverá ser a outra parcela. Veja os exemplos acima.

Isso é chamado de **PROVA REAL DA ADIÇÃO.**

4 Resolva as adições, usando o Quadro de Ordens e, ao lado, faça a prova real:

a) 147 + 232 = ____________ Prova real

C	D	U

C	D	U

b) 265 + 133 = ____________ Prova real

C	D	U

C	D	U

c) 504 + 290 = ____________ Prova real

C	D	U

C	D	U

d) 180 + 119 = ____________ Prova real

C	D	U

C	D	U

TERMOS DA SUBTRAÇÃO

	C	D	U	
	6	8	7	← MINUENDO
−	3	4	2	← SUBTRAENDO
RESTO OU DIFERENÇA →	3	4	5	

Desafio: É possível tirar o minuendo do subtraendo? Justifique sua resposta.

____

____

PROVA REAL

Lembrando o que vimos na prova real da adição, como podemos verificar se acertamos essa subtração?

	C	D	U
	6	8	7
−	3	4	2
	3	4	5

	C	D	U
	3	4	5
+	3	4	2
	6	8	7

Na PROVA REAL DA SUBTRAÇÃO, usamos a diferença ou resto e o subtraendo para fazermos uma adição. O resultado dessa adição deverá ser o minuendo.

Isso é chamado de PROVA REAL DA SUBTRAÇÃO.

5 Resolva as subtrações, usando o Quadro de Ordens e, ao lado, faça a prova real:

a) 287 – 123 = ________

C	D	U

Prova real

C	D	U

b) 479 – 235 = ________

C	D	U

Prova real

C	D	U

c) 256 – 132 = ________

C	D	U

Prova real

C	D	U

d) 395 – 124 = ________

C	D	U

Prova real

C	D	U

SUBTRAÇÃO COM RESERVA

Ganha quem chega a zero

Jogadores: Grupos de até 4 jogadores

Material: Um dado por grupo e Material Dourado.

Regras:

1ª etapa

Cada jogador inicia o jogo com 50 pontos (cinco dezenas). Na sua vez, o jogador deve rolar o dado e subtrair de seus pontos o valor obtido (o jogador deverá fazer a troca de uma dezena por dez unidades para tirar a quantidade que sair no dado). Ganha quem chegar primeiro a zero.

2ª etapa

Os jogadores deverão jogar novamente, dessa vez, registrando os cálculos numa folha.

3ª etapa

Problematização:

> Em uma das rodadas, um jogador estava com 30 pontos e tirou 6 ao jogar o dado. Como ele pode representar essa subtração com um algoritmo?

	D	U
	3	0
–		6

Como podemos tirar 6 do zero? Como será esse registro?

Veja como uma criança resolveu o algoritmo **9 6 – 4 2** =

	9	0	+	6			
–	4	0	+	2			
	5	0	+	4	=	5	4

Explique como ela pensou:

Veja como essa mesma criança resolveu o algoritmo **82 – 37** =

	7	0					
	~~8~~	~~0~~	+	¹2			
–	3	0	+	7			
	4	0	+	5	=	4	5

Explique como ela resolveu esse algoritmo.

Uma outra criança resolveu o mesmo algoritmo assim:

	D	U
	7~~8~~	¹2
–	3	7
	4	5

Desenhe o Material Dourado necessário para resolver esse algoritmo.

6 Resolva as contas abaixo desenhando o Material Dourado e usando o algoritmo formal:

MATERIAL DOURADO	ALGORITMO
	a) 5 0 – 28 = ______

MATERIAL DOURADO	ALGORITMO
	b) 61 – 35 = ______

7 Agora, corrija os algoritmos abaixo:

a) 72 – 46 = ______

	D	U
	7	2
–	4	6
	3	4

	D	U
–		

b) 80 – 23 = ______

	D	U
	8	0
–	2	3
	6	3

	D	U
–		

8 Arme e em seguida efetue as seguintes subtrações (Observe o item(a) que já está resolvido).

a) 98 – 73 =

$$\begin{array}{r} 98 \\ -\ 73 \\ \hline 25 \end{array}$$

b) 126 – 12 =

c) 279 – 125 =

d) 139 – 118 =

e) 155 – 42 =

f) 259 – 113 =

g) 450 – 230 =

h) 245 – 32 =

i) 647 – 216 =

j) 448 – 317 =

k) 351 –110 =

l) 456 – 125 =

9 Arme e em seguida efetue as seguintes subtrações (Observe o item(a) que já está resolvido).

a) 250 – 145 =	b) 380 – 344 =	c) 267 – 119 =
d) 654 – 127 =	e) 428 – 109 =	f) 586 – 268 =
g) 480 – 262 =	h) 441 – 305 =	i) 742 – 25 =
j) 473 – 127 =	k) 692 – 348 =	l) 684 – 468 =

$$\begin{array}{r} 2\,\overset{4}{\cancel{5}}\,\overset{10}{\cancel{0}} \\ -\ 1\,4\,5 \\ \hline 1\,0\,5 \end{array}$$

10 Arme e em seguida efetue as seguintes subtrações (Observe o item(a) que já está resolvido).

a) 651 – 180 =

$$\begin{array}{r} {\scriptstyle 5\ 15} \\ \not{6}\,\not{5}\,1 \\ -\ 1\ 8\ 0 \\ \hline 4\ 7\ 1 \end{array}$$

b) 766 –192 =

c) 604 – 234 =

d) 719 – 245 =

e) 945 – 385 =

f) 621 – 271 =

g) 425 – 293 =

h) 317 – 230 =

i) 857 – 194 =

j) 915 – 281 =

k) 541 – 280 =

l) 732 – 541 =

11 Arme e em seguida efetue as seguintes subtrações (Observe o item(a) que já está resolvido).

a) 750 – 384 =

$$\begin{array}{r} \scriptstyle 6\ 14\ 10 \\ \not{7}\,\not{5}\,\not{0} \\ -\ 3\ 8\ 4 \\ \hline 3\ 6\ 6 \end{array}$$

b) 640 – 292 =

c) 850 – 474 =

d) 610 – 355 =

e) 740 – 289 =

f) 930 – 367 =

g) 608 – 399 =

h) 305 – 67 =

i) 505 – 288 =

j) 700 – 489 =

k) 406 – 277 =

l) 606 – 189 =

12 Usando o material dourado, forme os números de duas maneiras diferentes:

a) 45

MATERIAL DOURADO	MATERIAL DOURADO

Quantas unidades tem esse número? ______________

Quantas dezenas tem esse número? ______________

b) 453

MATERIAL DOURADO	MATERIAL DOURADO

Quantas unidades tem esse número? ______________

Quantas dezenas tem esse número? ______________

Quantas centenas tem esse número? ______________

Agora, veja:

3 2 4

4 → 4 unidades

2 → 20 unidades = 2 dezenas

3 → 300 unidades = 30 dezenas ou 3 centenas

Veja este outro exemplo:

1 2 4 → 1 2 4 unidades

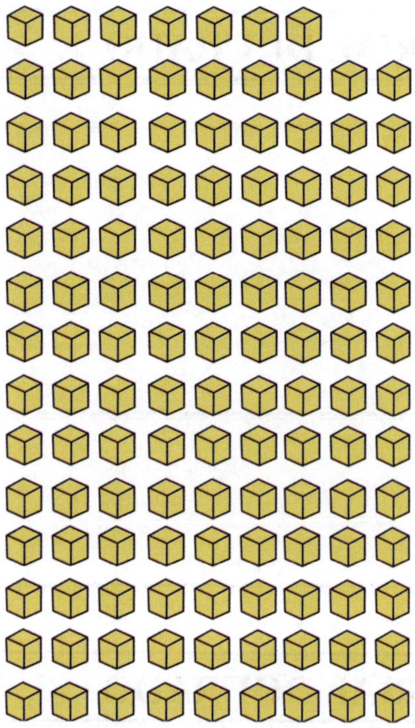

1 2 4 → 1 2 dezenas e 4 unidades

1 2 4 → 1 centena e 24 unidades

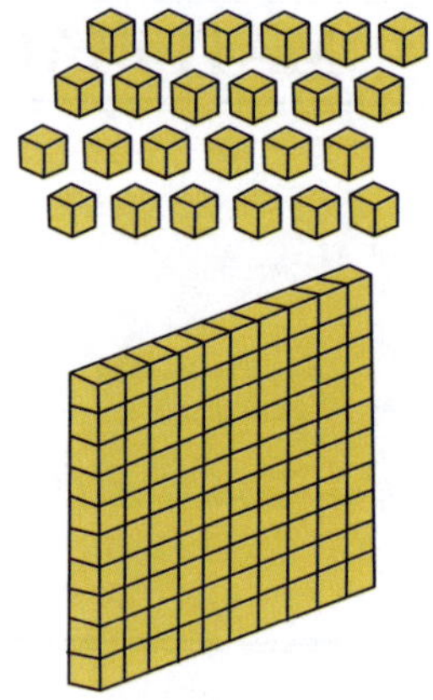

13 Complete com atenção:

No cinema da cidade de Salvador cabem 548 pessoas.

5 4 8

8 → ______ unidades

4 → ______ dezenas ou ______ unidades

5 → ______ centenas ou ______ dezenas ou ______ unidades

---

14 Veja a representação do material dourado e responda:

a) 387

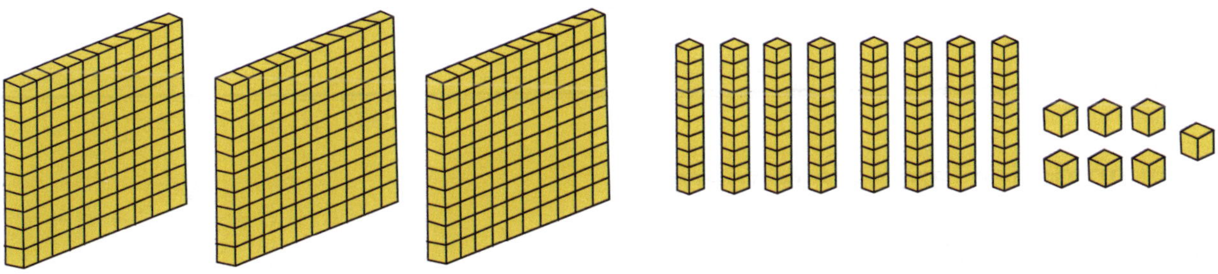

Quantas unidades tem esse número? ______

Quantas dezenas tem esse número? ______

Quantas centenas tem esse número? ______

---

15 Veja a representação do material dourado e responda:

b) 604

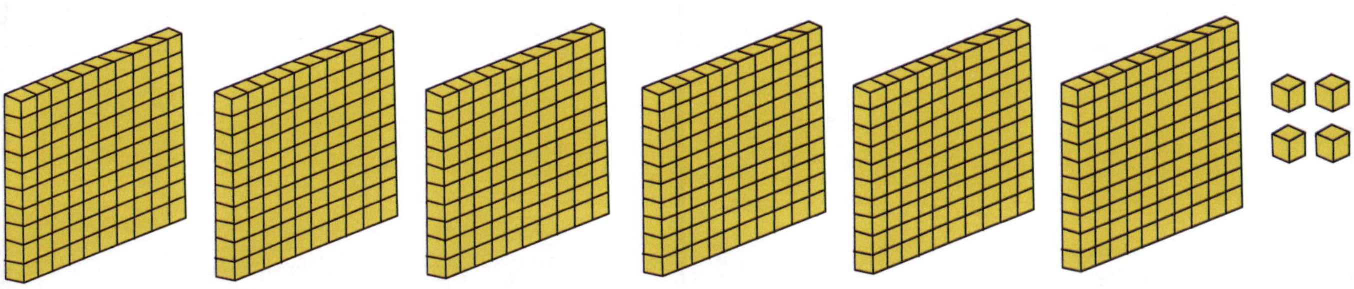

Quantas unidades tem esse número? ______

Quantas dezenas tem esse número? ______

Quantas centenas tem esse número? ______

16 Usando o material dourado, forme os números de duas maneiras diferentes:

a) 68	
MATERIAL DOURADO	**MATERIAL DOURADO**

Quantas unidades tem esse número? ____________________

Quantas dezenas tem esse número? ____________________

a) 509	
MATERIAL DOURADO	**MATERIAL DOURADO**

Quantas unidades tem esse número? ____________________

Quantas dezenas tem esse número? ____________________

Quantas centenas tem esse número? ____________________

Veja os algarismos abaixo:

0 , 1 , 2 , 3 , 4 , 5 , 6 , 7 , 8 , 9

Posso formar diferentes números usando esses algarismos. Agora explique a diferença entre estes dois números:

48 e 84

____

____

____

____

17 Fernando resolveu arrumar sua coleção de carrinhos. Conte quantos carrinhos ele possui:

a) Quantas unidades de carrinhos Fernando tem no total? ______________

b) Quantas dezenas de carrinhos ele possui? ______________

c) No dia do seu aniversário, Fernando ganhou de seus avós uma caixa com muitos carrinhos que eram do seu pai. A caixa tinha 14 dezenas de carrinhos. Com quantas dezenas de carrinhos Fernando ficou? ______________

Espaço para cálculo:

d) Com quantas unidades de carrinhos ele ficou no total? ______

18 Dona Amélia está preparando docinhos para vender. Conte quantos docinhos ela já fez. Pense em uma estratégia para facilitar a contagem dos docinhos.

a) Quantas unidades de docinhos Dona Amélia preparou no total? ______

______

b) Quantas dezenas foram feitas? ______

c) Quantas centenas de docinhos foram preparadas? ______

d) Podemos concluir que Dona Amélia preparou:

______ unidades

______ dezenas e ______ unidades

______ centena e ______ unidades

---

19 Desafios:

a) Antônio tinha 185 unidades de cards. Ele ganhou 12 dezenas da sua tia e 2 centenas do seu pai. Com quantos cards Antônio ficou no total?

Espaço para cálculo:

R: ______

______

b) Luiza tem uma coleção de borrachas com 25 dezenas. A mãe de Luiza resolveu presentear a filha com a sua coleção de quando era criança, composta de 1 centena de borrachas. Para incrementar ainda mais a coleção de Luiza, sua avó comprou um kit com 15 unidades. Quantas borrachas Luiza tem agora em sua coleção?

Espaço para cálculo:

R: ______

______

20 Agora, forme todos os números possíveis com estes três algarismos:

1 , 8 , 5

a) Qual é o menor número formado?

b) Nesse número, em que posição ficou cada algarismo?

c) Qual é o maior número formado?

d) Nesse número, em que posição ficou cada algarismo?

e) O que podemos perceber quando mudamos a posição do algarismo? Registre suas descobertas.

21 Observe os algarismos e faça o que se pede.

6 4 3 8 2

- Os algarismos vermelhos representam dezenas.
- Os algarismos brancos representam unidades.

a) Forme números (dezena e unidade) possíveis com os algarismos acima.

b) Qual é o maior número formado? E o menor?

c) De quanto é a diferença entre o maior e o menor?

d) Coloque os números formados em ordem decrescente.

e) Qual é o antecessor do maior número formado?

f) Qual é o sucessor do menor número formado?

g) Se somar 1 dezena ao menor número que você formou, que número ficará?

h) Se subtrair 20 unidades do maior número que formou, que número ficará?

22 Observe o número **237** e responda:

a) Quantas unidades tem esse número? ______

b) Qual é o algarismo que está na posição da unidade? ______

c) Quantas dezenas tem esse número? ______

d) Qual é o algarismo que está na posição da dezena? ______

e) Quantas centenas tem esse número? ______

f) Qual é o algarismo que está na posição da centena? ______

---

23 Observe o número **341** e responda:

a) Quantos algarismos formam esse número? E quais são eles?

______

b) Quantas dezenas tem esse número? ______

c) Qual é o algarismo que está na posição da dezena? ______

d) Quantas centenas tem esse número? ______

e) Qual é o algarismo que está na posição da centena? ______

---

24 Forme o maior número possível com os algarismos abaixo.

2 6 3

______

---

25 Forme o menor número possível com os algarismos abaixo.

9 4 8

______

26 Observe os algarismos e faça o que se pede.

5 4 1 7 9

- Os algarismos vermelhos representam dezenas.
- Os algarismos brancos representam unidades.

a) Forme números (dezena e unidade) possíveis com os algarismos acima.

____

b) Qual é o maior número formado? E o menor?

____

c) De quanto é a diferença entre o maior e o menor?

____

d) Coloque os números formados em ordem crescente.

____

e) Qual é o antecessor do maior número formado?

____

f) Qual é o sucessor do menor número formado?

____

g) Se você somar 1 dezena ao menor número que você formou, que número ficará?

____

h) Se você subtrair 20 unidades do maior número que formou, que número ficará?

____

27 Pinte em cada retângulo o maior número.

123	132

245	254

331	313

169	196

28 Observe o número **456** e responda:

a) Quantas unidades tem esse número? ______

b) Qual é o algarismo que está na posição da unidade? ______

c) Quantas dezenas tem esse número? ______

d) Qual é o algarismo que está na posição da dezena? ______

e) Quantas centenas tem esse número? ______

f) Qual é o algarismo que está na posição da centena? ______

29 Ligue as fichas com números às que contêm suas decomposições:

660	**9 centenas, 9 dezenas e 1 unidade**
991	**505 unidades**
505	**76 dezenas e 3 unidades**
763	**66 dezenas**

30 Ligue as fichas às decomposições correspondentes:

1066	**99 dezenas e 9 unidades**
899	**899 unidades**
1232	**10 centenas, 6 dezenas e 6 unidades**
389	**123 dezenas e 2 unidades**
999	**300 + 80 + 9**
2891	**2 unidades de milhar, 8 centenas, 9 dezenas e 1 unidade**

31 Observe o número **379** e responda às questões abaixo em seu caderno:

a) Quantas unidades tem esse número? ______

b) Qual é o algarismo que está na posição da unidade? ______

c) Quantas dezenas tem esse número? ______

d) Qual é o algarismo que está na posição da dezena? ______

e) Quantas centenas tem esse número? ______

f) Qual é o algarismo que está na posição da centena? ______

32 Observe o número **937** e responda às questões abaixo:

a) Quantas unidades tem esse número? ______

b) Qual é o algarismo que está na posição da unidade? ______

c) Qual é o algarismo que está na posição da dezena? ______

d) Qual é o algarismo que está na posição da centena? ______

33 Ligue as fichas com números às que contêm suas decomposições:

149	**76 dezenas e 5 unidades**
438	**149 unidades**
765	**4 centenas, 3 dezenas e 8 unidades**

34 Responda às questões escrevendo os números solicitados:

a) Qual é o número formado por nove centenas e sete unidades? ______

b) Qual é o número que vem imediatamente antes do 987? ______

c) Qual é o número que tem 5 unidades a menos que 786? ______

d) Qual é o número que vem imediatamente depois de 998? ______

e) Qual é o número que tem 1 dezena a mais que 876? ______

35 Escreva por extenso:

616 - ______________________________

434 - ______________________________

301 - ______________________________

971 - ______________________________

36 Responda às questões escrevendo os números solicitados:

a) Qual é o número formado por cinco centenas, quatro dezenas e duas unidades? ______________

b) Qual é o número que vem imediatamente antes do 888? ______________

c) Qual é o número que tem 9 unidades a menos que 689? ______________

d) Qual é o número que vem imediatamente depois de 677? ______________

e) Qual é o número que tem 1 dezena a mais que 975? ______________

37 Coloque em ordem crescente os números 983 – 415 – 355 – 201 – 870.

____

38 Coloque em ordem decrescente os números 765 – 999 – 109 – 679 – 219.

____

UM SÁBIO QUE NÃO GOSTAVA DE REPETIÇÕES

https://www.britannica.com/biography/William-Oughtred

William Oughtred não era um professor de Matemática, mas conhecia mais Matemática que muitos professores do seu tempo. Ele nasceu na Inglaterra, em 1574, e lá viveu até falecer, em 1660.

Oughtred aproveitava todo o tempo em que não estava trabalhando para estudar e escrever livros de Matemática.

Lendo um desses livros, os matemáticos ficaram surpresos ao observar que ele representava as adições de parcelas iguais de forma diferente, por exemplo: a adição 6 + 6 + 6 + 6 + 6 + 6 + 6, era representada assim 7 × 6.

Veja: se girarmos o sinal de adição (+), obtemos o sinal da multiplicação (×)

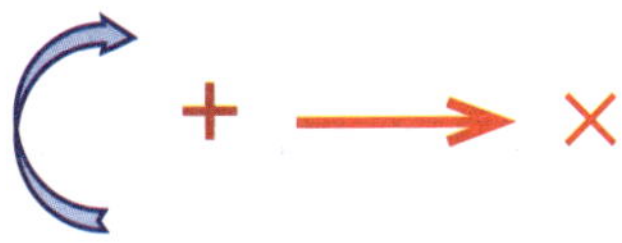

Foi graças a Oughtred que o sinal × passou a ser usado na Matemática.

Matemática em histórias, editora Saraiva – Texto adaptado para fins didáticos.

39 Represente cada adição como uma multiplicação e escreva o produto:

a) 4 + 4 + 4 + 4 + 4 = ______________ = _______

b) 5 + 5 + 5 + 5 + 5 + 5 + 5 + 5 = ______________ = _______

c) 8 + 8 + 8 = ______________ = _______

d) 2 + 2 + 2 + 2 + 2 = ______________ = _______

e) 10 + 10 + 10 + 10 + 10 + 10 + 10 + 10 + 10 + 10 = ______________ = _______

40 Agora, escreva as adições correspondentes a cada multiplicação:

a) 5 × 8 = ______________

b) 7 × 4 = ______________

c) 6 × 5 = ______________

d) 8 × 2 = ______________

e) 5 × 5 = ______________

TABUADA

41 No 2º ano, você aprendeu algumas tabuadas. Vamos relembrá-las?

Como anda a sua memória?

× 2	
5	
6	
8	
3	
9	
4	
7	

42 Que dica você daria para alguém que não sabe qual é o resultado de 8×2?

43 Monte a tabuada do 5:

44 Circule os resultados corretos, na loteria de multiplicação.

LOTERIA DA MULTIPLICAÇÃO			
9×5	45	48	43
7×2	16	14	28
6×5	25	40	30
5×5	10	15	25
5×2	12	10	15
3×5	20	15	25
8×5	40	35	45
9×2	16	18	20
4×2	8	10	16

45 Como podemos registrar os desenhos abaixo?

a) São ______ vasos com ______ flores em cada um. No total há ______ flores,

ou ______ × ______ = ______

b) São ______ flores divididas em ______ vasos. Em cada vaso há ______ flores,

ou ______ ÷ ______ = ______

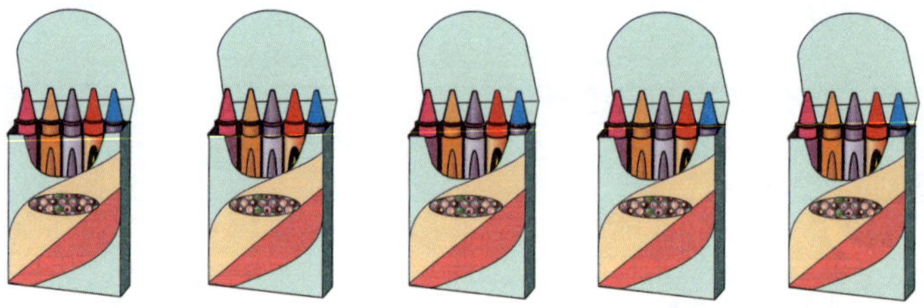

c) São ______ caixas com ______ lápis em cada uma. No total há ______ lápis,

ou ______ × ______ = ______

d) São ______ lápis divididos em ______ caixas. Em cada caixa há ______ lápis,

ou ______ ÷ ______ = ______

e) São ______ aquários com ______ peixes em cada uma. No total há ______ peixes, ou ______ × ______ = ______

f) São ______ peixes divididos em ______ aquários. Em cada aquário há ______ peixes, ou ______ ÷ ______ = ______

DIVISÃO E MULTIPLICAÇÃO

46 Calcule o resultado de cada divisão pensando na multiplicação.

a) $10 \div 5$ = **2**, pois $5 \times$ **2** $= 10$

b) $20 \div 2$ = ______, pois $2 \times$ ______ $= 20$

c) $30 \div 5$ = ______, pois $5 \times$ ______ $= 30$

d) $45 \div 5$ = ______, pois $5 \times$ ______ $= 45$

e) $14 \div 2$ = ______, pois $2 \times$ ______ $= 14$

f) $18 \div 2$ = ______, pois $2 \times$ ______ $= 18$

g) $35 \div 5$ = ______, pois $5 \times$ ______ $= 35$

47 Complete os quadros:

a) $5 + 5 + 5 + 5 + 5 + 5 + 5 =$ ______

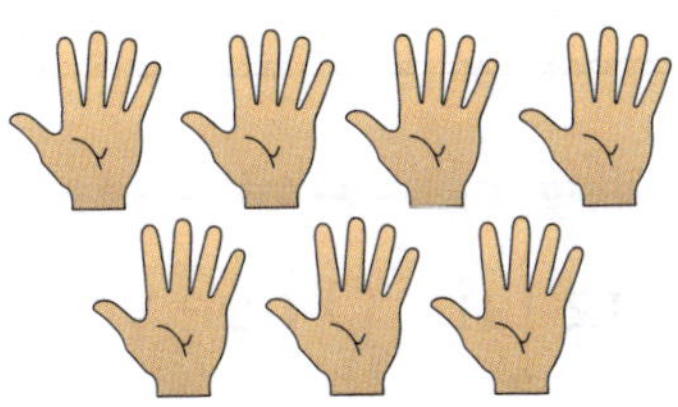

$7 \times 5 =$ ______ ou ______ $\div 5 = 7$

b) $5 + 5 + 5 + 5 =$ ______

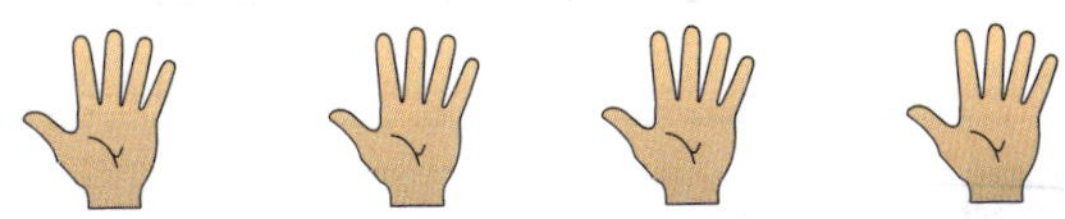

$4 \times 5 =$ ______ ou ______ $\div 5 = 4$

c) $5 + 5 + 5 =$ ______

$3 \times 5 =$ ______ ou ______ $\div 5 = 3$

d) $5 + 5 + 5 + 5 + 5 =$ ______

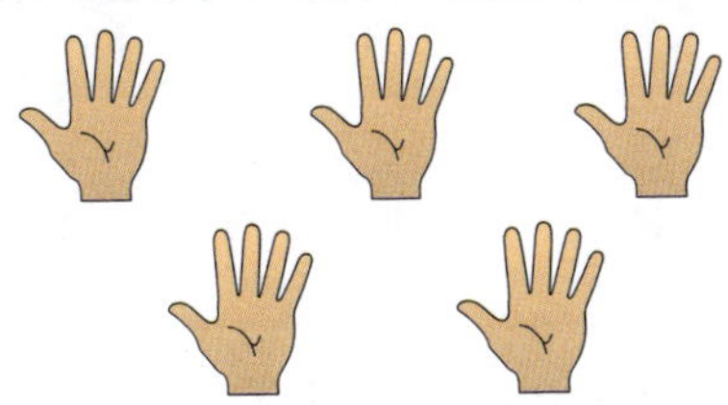

$5 \times 5 =$ ______ ou ______ $\div 5 = 5$

e) $5 + 5 + 5 + 5 + 5 + 5 + 5 + 5 =$ ______

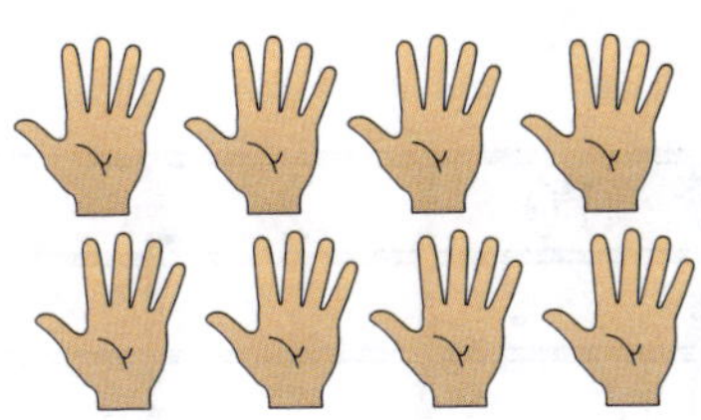

$8 \times 5 =$ ______ ou ______ $\div 5 = 8$

f) $5 + 5 + 5 + 5 + 5 + 5 + 5 + 5 + 5 + 5 =$ ______

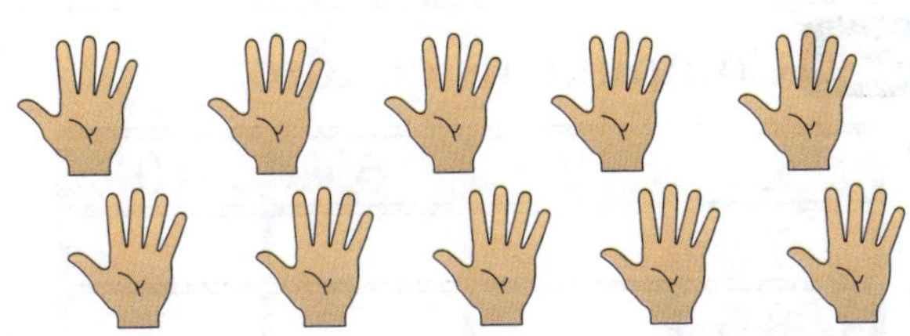

$10 \times 5 =$ ______ ou ______ $\div 5 = 10$

TABUADA DO 10

48 Complete as tabuadas e depois faça o que se pede:

$0 \times 5 =$ ____	$0 \times 10 =$ ____
$1 \times 5 =$ ____	$1 \times 10 =$ ____
$2 \times 5 =$ ____	$2 \times 10 =$ ____
$3 \times 5 =$ ____	$3 \times 10 =$ ____
$4 \times 5 =$ ____	$4 \times 10 =$ ____
$5 \times 5 =$ ____	$5 \times 10 =$ ____
$6 \times 5 =$ ____	$6 \times 10 =$ ____
$7 \times 5 =$ ____	$7 \times 10 =$ ____
$8 \times 5 =$ ____	$8 \times 10 =$ ____
$9 \times 5 =$ ____	$9 \times 10 =$ ____
$10 \times 5 =$ ____	$10 \times 10 =$ ____

49 Circule, usando a mesma cor, os resultados iguais. O que você observou?

---

50 Quais resultados da tabuada do 5 são pares?

---

51 Na tabuada do 10, quais são os resultados pares?

---

52 Complete os quadros:

a)

x	2	5	10
7			
8			
4			

b)

x	10	2	5
5			
6			
3			

TABUADA DO 4

53 Complete as adições e escreva, na forma de multiplicação, cada adição.

a) 4 + 4 + 4 + 4 + 4 + 4 + 4 = ________ ou ________ × 4 = ________

b) 4 + 4 + 4 = ________ ou ________ × 4 = ________

c) 4 + 4 + 4 + 4 + 4 + 4 + 4 + 4 + 4 = ________ ou ________ × 4 = ________

d) 4 + 4 = ________ ou ________ × 4 = ________

e) 4 + 4 + 4 + 4 + 4 + 4 = ________ ou ________ × 4 = ________

f) 4 + 4 + 4 + 4 = ________ ou ________ × 4 = ________

g) 4 + 4 + 4 + 4 + 4 = ________ ou ________ × 4 = ________

h) 4 + 4 + 4 + 4 + 4 + 4 + 4 + 4 + 4 + 4 = ________ ou ________ × 4 = ________

i) 4 + 4 + 4 + 4 + 4 + 4 + 4 + 4 = ________ ou ________ × 4 = ________

---

54 Complete a tabuada do 4.

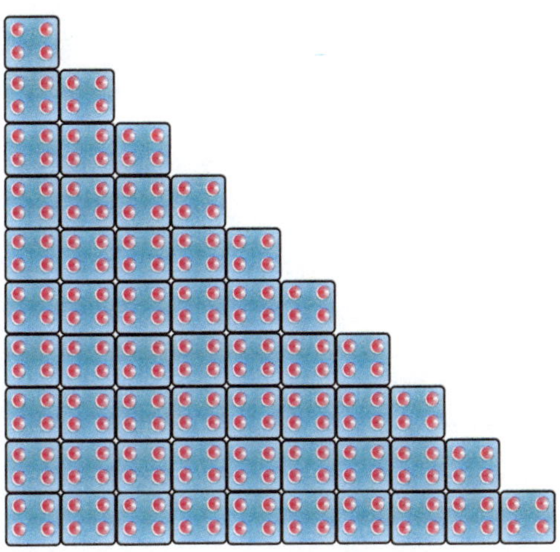

1 × 4 = ________
2 × 4 = ________
3 × 4 = ________
4 × 4 = ________
5 × 4 = ________
6 × 4 = ________
7 × 4 = ________
8 × 4 = ________
9 × 4 = ________
10 × 4 = ________

55 Complete as tabuadas e depois circule, usando a mesma cor, os resultados iguais.

$0 \times 2 =$ ______	$0 \times 4 =$ ______
$1 \times 2 =$ ______	$1 \times 4 =$ ______
$2 \times 2 =$ ______	$2 \times 4 =$ ______
$3 \times 2 =$ ______	$3 \times 4 =$ ______
$4 \times 2 =$ ______	$4 \times 4 =$ ______
$5 \times 2 =$ ______	$5 \times 4 =$ ______
$6 \times 2 =$ ______	$6 \times 4 =$ ______
$7 \times 2 =$ ______	$7 \times 4 =$ ______
$8 \times 2 =$ ______	$8 \times 4 =$ ______
$9 \times 2 =$ ______	$9 \times 4 =$ ______
$10 \times 2 =$ ______	$10 \times 4 =$ ______

56 Quais resultados se repetem?

____

____

____

57 Por que isso acontece?

____

____

____

58 O que podemos concluir sobre as tabuadas do 2 e 4?

____

____

____

59 Complete a roda da multiplicação.

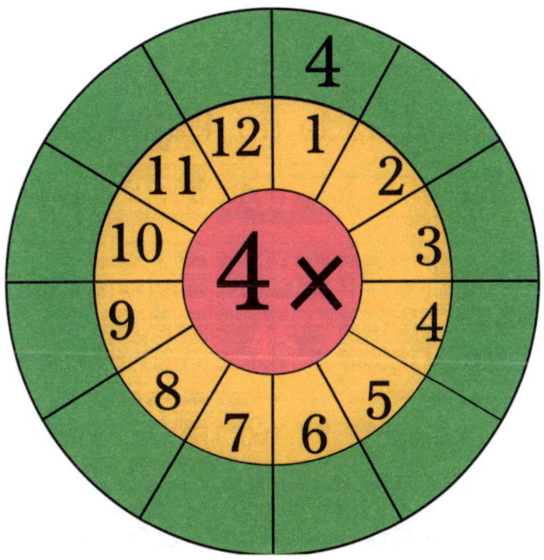

60 Complete as multiplicações.

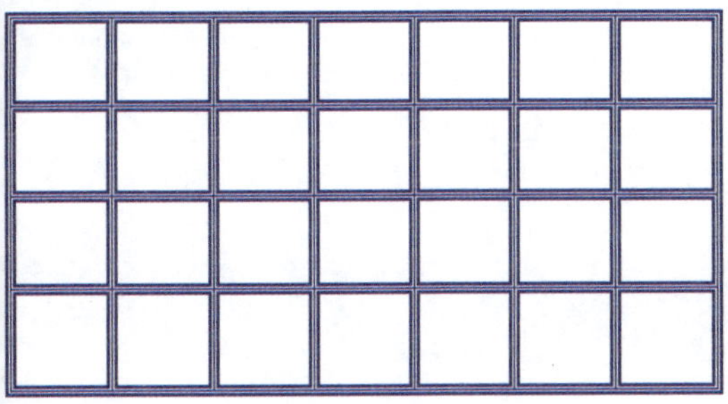

_____ × _____ = _____

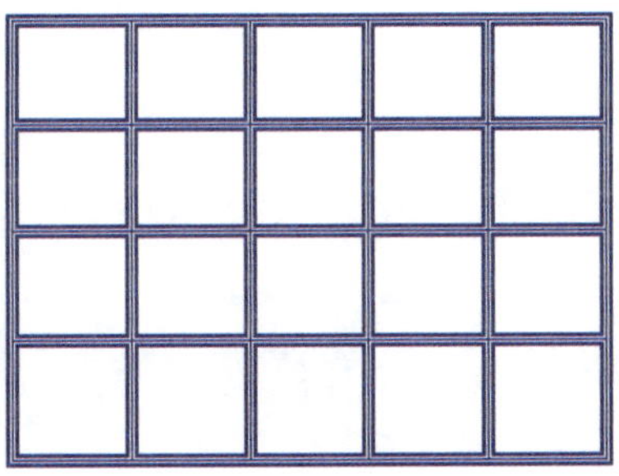

_____ × _____ = _____

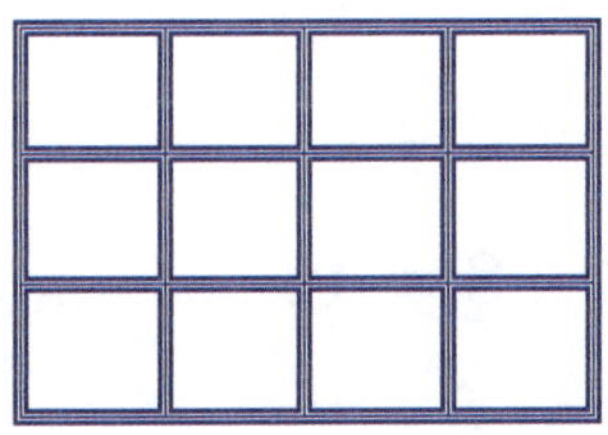

_____ × _____ = _____

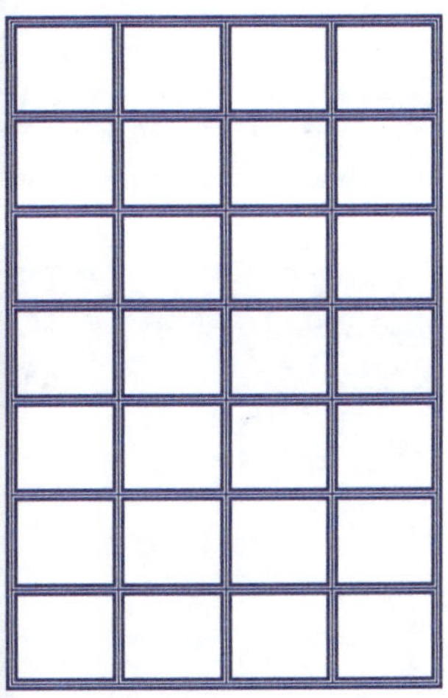

_____ × _____ = _____

_____ × _____ = _____

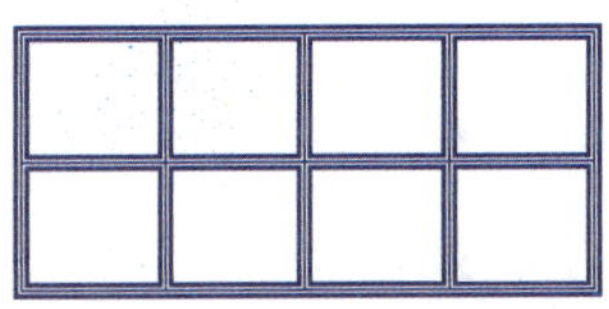

_____ × _____ = _____

TABUADA DO 8

61 Como você explicaria a um amigo como montar a tabuada do 8?

____

____

____

____

____

62 Saber os resultados da tabuada do 4 ajuda a descobrir os resultados da tabuada do 8? Por quê?

____

____

____

63 Os resultados da tabuada do 8 serão pares ou ímpares? Reflita sobre isso.

64 Monte a tabuada do 8 usando as dicas acima.

0 × 8 = 0

1 × 8 = 8

2 × 8 = 16

3 × 8 = ______

4 × 8 = ______

5 × 8 = ______

6 × 8 = ______

7 × 8 = ______

8 × 8 = ______

9 × 8 = ______

10 × 8 = ______

65 Em quais tabuadas os resultados abaixo são encontrados? Pinte as respostas certas:

a) 18	2	6	4	3	9
b) 15	4	2	3	5	8
c) 16	8	3	4	2	5
d) 20	4	6	5	2	10
e) 30	7	5	4	6	3
f) 24	4	2	3	8	5

66 Use o quadriculado para representar as multiplicações, pintando como se pede (Pinte nos quatro cantos do quadriculado):

a) $4 \times 8 =$ ______ amarelo

b) $6 \times 8 =$ ______ azul

c) $7 \times 8 =$ ______ vermelho

d) $8 \times 8 =$ ______ verde

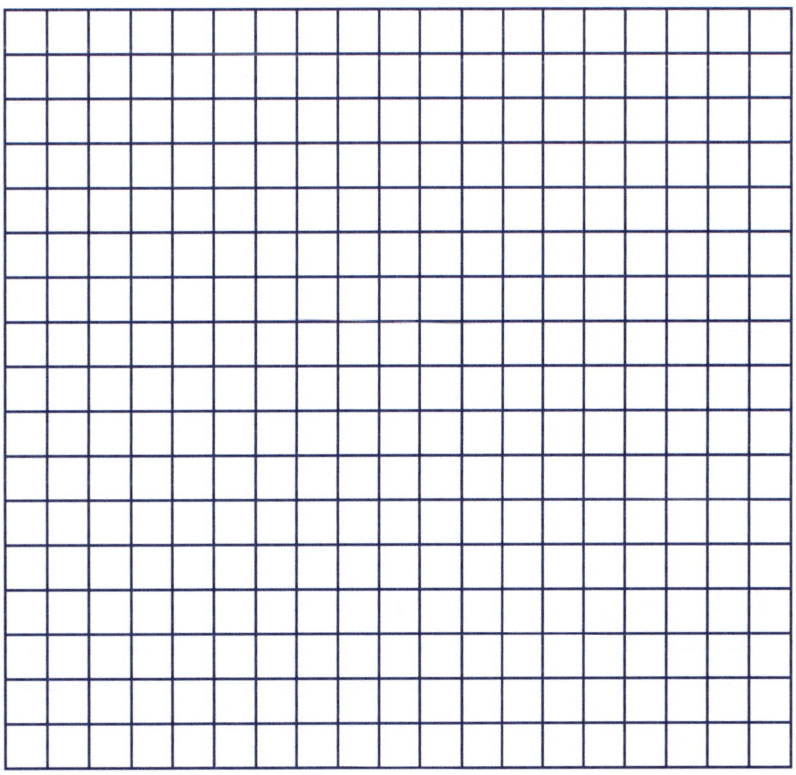

67 Complete:

x	6	7	3	2	9
8					
4					
5					

TABUADA DO 3

68 Quantos palitos são necessários para montar:

a) 3 triângulos? ______

b) 5 triângulos? ______

c) 7 triângulos? ______

d) 8 triângulos? ______

---

69 Pinte com a mesma cor, os resultados iguais.

2×3	12	$3 + 3 + 3 + 3 + 3$
6×3	30	$3 + 3$
8×3	3	$3 + 3 + 3 + 3 + 3 + 3 + 3 + 3 + 3 + 3$
10×3	18	$3 + 3 + 3 + 3 + 3 + 3 + 3 + 3$
5×3	6	$3 + 3 + 3 + 3 + 3 + 3$
1×3	21	$3 + 3 + 3 + 3$
4×3	15	3
7×3	24	$3 + 3 + 3 + 3 + 3 + 3 + 3$

70 Complete:

$5 \times 3 = 15$, então $15 \div 3 = 5$

a) $4 \times$ ______ $= 12$, então $12 \div 4 =$ ______

b) $5 \times$ ______ $= 30$, então $30 \div 5 =$ ______

c) $3 \times$ ______ $= 21$, então $21 \div 3 =$ ______

d) $8 \times$ ______ $= 48$, então $48 \div 8 =$ ______

e) $9 \times$ ______ $= 27$, então $27 \div 9 =$ ______

---

71 Calcule o triplo de:

a) 7 bolachas: ______________ bolachas.

b) 9 laranjas: ______________ laranjas.

c) 8 conchinhas ______________ conchinhas.

d) 5 pessoas: ______________ pessoas.

e) 10 reais: ______________ reais.

72 Complete os quadros:

$3 + 3 + 3 + 3 + 3 + 3 + 3 =$ ______

$7 \times 3 =$ ______ ou ______ $\div 3 = 7$

$3 + 3 + 3 + 3 + 3 + 3 + 3 + 3 + 3$ ______

$9 \times 3 =$ ______ ou ______ $\div 3 = 9$

$3 + 3 + 3 + 3 + 3 + 3 =$ ______

$6 \times 3 =$ ______ ou ______ $\div 3 = 6$

$3 + 3 + 3 + 3 =$ ______

$4 \times 3 =$ ______ ou ______ $\div 3 = 4$

$8 + 8 + 8 + 8 + 8 + 8 + 8 =$ ______

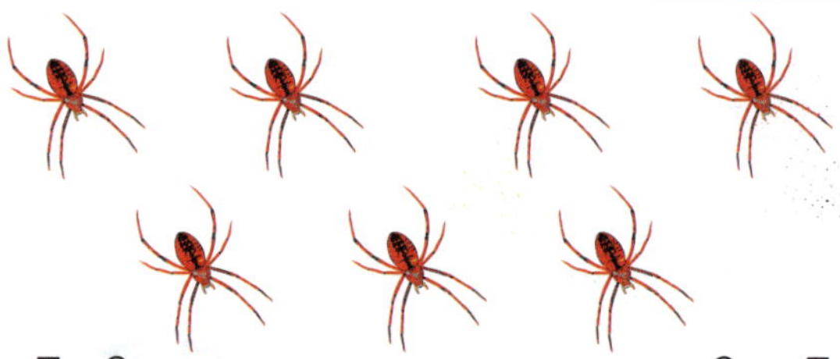

$7 \times 8 =$ ______ ou ______ $\div 8 = 7$

$8 + 8 + 8 + 8 + 8 + 8 + 8 + 8 + 8 =$ ______

$9 \times 8 =$ ______ ou ______ $\div 8 = 9$

$8 + 8 + 8 + 8 + 8 + 8 + 8 + 8 =$ ______

$8 \times 8 =$ ______ ou ______ $\div 8 = 8$

$8 + 8 + 8 + 8 + 8 =$ ______

$5 \times 8 =$ ______ ou ______ $\div 8 = 5$

73 Pinte os retângulos de acordo com os resultados:

$3 + 3 + 3$	6×5	$16 \div 2$	8×5	**9**
$14 \div 2$	2×3	$15 \div 3$	$18 \div 3$	**6**
$24 \div 2$	2×6	$15 - 3$	$18 \div 3$	**12**

TABUADA DO 6

74 Veja como um aluno pensou para descobrir o resultado da multiplicação **6** $\times$ **6**:

$$6 \times 5 = 30$$

$$+\ 6$$

$$6 \times 6 = 36$$

$$\begin{array}{r} 30 \\ +\ 6 \\ \hline 36 \end{array}$$

a) Como ele pensou para resolver?

b) Como ele pode descobrir o resultado de 4×6?

c) Como você pode descobrir rapidamente o resultado de 8×6?

75 Monte a tabuada do 3, e a partir dela, descubra os resultados da tabuada do 6:

$0 \times 3 =$ ______
$1 \times 3 =$ ______
$2 \times 3 =$ ______
$3 \times 3 =$ ______
$4 \times 3 =$ ______
$5 \times 3 =$ ______
$6 \times 3 =$ ______
$7 \times 3 =$ ______
$8 \times 3 =$ ______
$9 \times 3 =$ ______
$10 \times 3 =$ ______

$0 \times 6 =$ ______
$1 \times 6 =$ ______
$2 \times 6 =$ ______
$3 \times 6 =$ ______
$4 \times 6 =$ ______
$5 \times 6 =$ ______
$6 \times 6 =$ ______
$7 \times 6 =$ ______
$8 \times 6 =$ ______
$9 \times 6 =$ ______
$10 \times 6 =$ ______

76 Circule os resultados da tabuada do 3 e faça um **X** nos resultados da tabuada do 6:

1	2	3	4	5	6	7	8	9	10
11	12	13	14	15	16	17	18	19	20
21	22	23	24	25	26	27	28	29	30
31	32	33	34	35	36	37	38	39	40
41	42	43	44	45	46	47	48	49	50
51	52	53	54	55	56	57	58	59	60

77 O que você observou?

____
____
____
____
____
____

78 Complete as sequências de acordo com os comandos:

a) 10 $\xrightarrow{+2}$ ☐ $\xrightarrow{\div 3}$ ☐ $\xrightarrow{\times 6}$ ☐ $\xrightarrow{-4}$ ☐

b) 35 $\xrightarrow{-10}$ ☐ $\xrightarrow{\div 5}$ ☐ $\xrightarrow{\times 6}$ ☐ $\xrightarrow{+7}$ ☐

c) 12 $\xrightarrow{+8}$ ☐ $\xrightarrow{+10}$ ☐ $\xrightarrow{\div 6}$ ☐ $\xrightarrow{\times 3}$ ☐

d) 6 $\xrightarrow{\times 3}$ ☐ $\xrightarrow{+6}$ ☐ $\xrightarrow{\div 6}$ ☐ $\xrightarrow{+12}$ ☐

TABUADA DO 9

Você já sabe que a tabuada do 8 é o dobro da tabuada do 4, que, por sua vez, é o dobro da tabuada do 2. Sabe também que a tabuada do 6 é o dobro da tabuada do 3.

Agora, reflita: É possível descobrir os resultados da tabuada do 9 sabendo os resultados da tabuada do 3? Converse com seus colegas e registre suas conclusões:

____

____

____

____

79 Monte a tabuada do 3, e a partir dela, descubra os resultados da tabuada do 9:

$0 \times 3 =$ ______	$0 \times 9 =$ ______
$1 \times 3 =$ ______	$1 \times 9 =$ ______
$2 \times 3 =$ ______	$2 \times 9 =$ ______
$3 \times 3 =$ ______	$3 \times 9 =$ ______
$4 \times 3 =$ ______	$4 \times 9 =$ ______
$5 \times 3 =$ ______	$5 \times 9 =$ ______
$6 \times 3 =$ ______	$6 \times 9 =$ ______
$7 \times 3 =$ ______	$7 \times 9 =$ ______
$8 \times 3 =$ ______	$8 \times 9 =$ ______
$9 \times 3 =$ ______	$9 \times 9 =$ ______
$10 \times 3 =$ ______	$10 \times 9 =$ ______

A tabuada do 9 tem muitos “truques”. Você conhece algum? Vamos aprender algumas formas de descobrir e memorizar os resultados da tabuada do 9.

Você pode acessar o link fornecido pela sua professora.

TABUADA DO 9 COM AS MÃOS

80 Você sabia que pode descobrir todos os resultados da tabuada do 9 usando suas mãos? Veja:

Veja o exemplo 3×9:

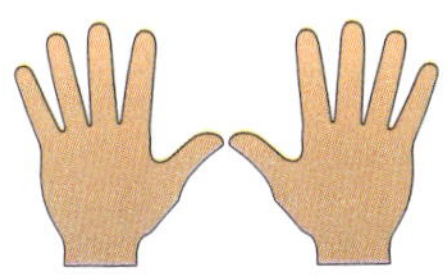

Coloque as mãos abertas sobre a mesa.

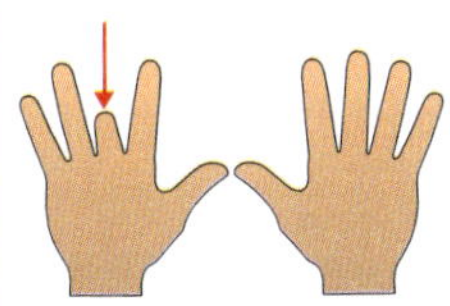

Para obter 3 x 9, dobre o 3º dedo, a contar da esquerda para a direita.

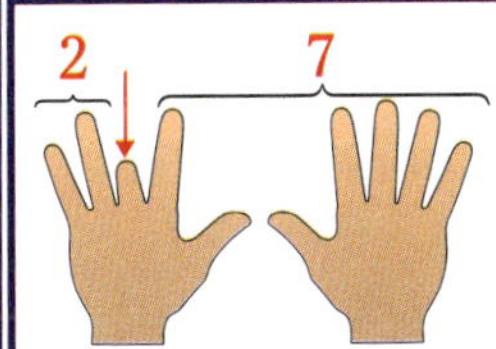

À esquerda do dedo dobrado, ficaram dois dedos e, à sua direita,7 dedos.

Olhe o resultado: $3 \times 9 = 27$

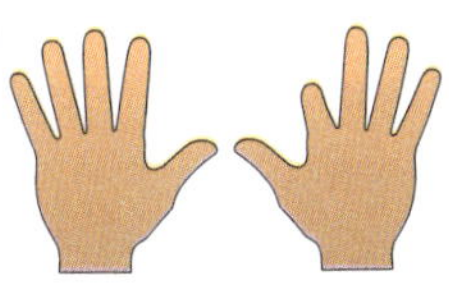

a) $7 \times 9 =$ ____________

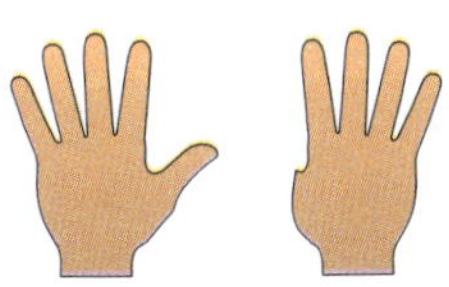

b) $6 \times 9 =$ ____________

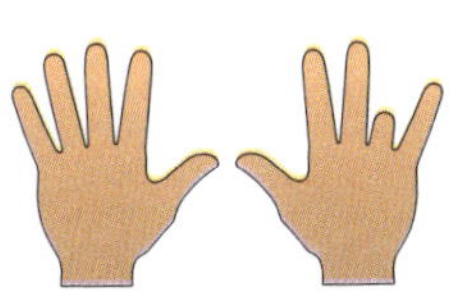

c) $9 \times 9 =$ ____________

CURIOSIDADES DA TABUADA DO 9

9×1	=	09
9×2	=	18
9×3	=	27
9×4	=	36
9×5	=	45
9×6	=	54
9×7	=	63
9×8	=	72
9×9	=	81
9×10	=	90

Outra dica interessante é que a soma dos algarismos dos resultados sempre será 9. Veja:

$1 \times 9 = 09 \longrightarrow 0 + 9 = 9$

$2 \times 9 = 18 \longrightarrow 1 + 8 = 9$

$3 \times 9 = 27 \longrightarrow 2 + 7 = 9$

$4 \times 9 = 36 \longrightarrow 3 + 6 = 9$

$5 \times 9 = 45 \longrightarrow 4 + 5 = 9$

$6 \times 9 = 54 \longrightarrow 5 + 4 = 9$

$7 \times 9 = 63 \longrightarrow 6 + 3 = 9$

$8 \times 9 = 72 \longrightarrow 7 + 2 = 9$

$9 \times 9 = 81 \longrightarrow 8 + 1 = 9$

$10 \times 9 = 90 \longrightarrow 9 + 0 = 9$

TABUADA DO 7

81 Use todo seu conhecimento sobre tabuadas e escreva os resultados da tabuada do 7. Antes, reflita: os resultados da tabuada do 7 serão pares ou ímpares? Por quê? Converse com seus colegas e tentem descobrir.

$0 \times 7 =$ ________

$1 \times 7 =$ ________

$2 \times 7 =$ ________

$3 \times 7 =$ ________

$4 \times 7 =$ ________

$5 \times 7 =$ ________

$6 \times 7 =$ ________

$7 \times 7 =$ ________

$8 \times 7 =$ ________

$9 \times 7 =$ ________

$10 \times 7 =$ ________

Você sabia que também há uma dica para descobrir os resultados da tabuada do 7?

Para descobrir, acesse o link fornecido pela sua professora.

82 Registre aqui o que você aprendeu.

83 Preencha o quadro:

Como anda a sua memória?

$\times 8$	
4	
5	
3	
2	
8	
9	
6	

84 Complete:

a) $21 \div 3 =$ ________ porque ________ $\times 3 = 21$

b) $64 \div 8 =$ ________ porque ________ $\times 8 = 64$

c) $42 \div 7 =$ ________ porque ________ $\times 7 = 42$

d) $45 \div 5 =$ ________ porque ________ $\times 5 = 45$

e) $63 \div 7 =$ ________ porque ________ $\times 7 = 63$

f) $32 \div 8 =$ ________ porque ________ $\times 8 = 32$

85 Ditado de tabuada. Escreva em cada retângulo da esquerda, o resultado da multiplicação que a professora ditará. Na correção, escreva a multiplicação correspondente a cada resultado. Veja o exemplo:

Resultado	Tabuada	Resultado	Tabuada	Resultado	Tabuada
16	4×4				

TÁBUA DE PITÁGORAS

http://contandoemnumeros.blogspot.com/2015/07/pitagoras.html

Pitágoras foi um filósofo e matemático grego, de vida pouco conhecida que viveu no século VI antes antes de Cristo. Supõe-se que nasceu em Samos, na Grécia, e se estabeleceu em Crotona, no sul da Itália.

Em Crotona, Pitágoras fundou uma sociedade mística secreta chamada Pitagórica. Os membros dessa sociedade eram chamados pitagóricos.

Os pitagóricos eram grandes estudiosos da Matemática, e, lidando com os números de várias maneiras, acabaram descobrindo propriedades interessantes e curiosas.

Filolau, um dos membros que mais se destacavam da Escola Pitagórica, dizia que todas as coisas têm um número e que sem os números nada pode-se conceber ou compreender. Para os pitagóricos, a harmonia do universo, o movimento dos planetas, a vida, seja animal ou vegetal, o som, a luz, tudo isso podia ter uma explicação através dos números.

Os pitagóricos eram tão fascinados pelos números que chegaram a lhes atribuir qualidades muito curiosas. Para eles, os números pares eram considerados femininos, e os ímpares, com exceção do 1, eram masculinos. O número 1 era considerado o gerador de todos os outros. O 5 era o símbolo do casamento, pois é a soma do primeiro número feminino, o 2, com o primeiro masculino, o 3.

Pitágoras fez muitas descobertas importantes na área da Geometria e inventou, entre outras coisas, uma tábua de multiplicação que ficou conhecida como Tábua de Pitágoras.

Fonte: "Contando a história da Matemática", de Oscar Guelli, editora Ática.

86 Observe que uma parte da tábua já está completa. Continue completando-a:

×	1	2	3	4	5	6	7	8	9	10
1	1	2	3	4	5	6	7	8	9	10
2	2	4	6	8	10					
3	3	6	9	12						
4	4	8	12							
5	5	10								
6	6									
7	7									
8	8									
9	9									
10	10									

a) Pinte todos os resultados terminados em zero. O que você observou de interessante?

b) Você acha que na tábua há mais resultados pares ou ímpares? Por quê?

c) Em quais tabuadas todos os resultados são pares?

87 Complete a tábua com os números que faltam, mas não vale olhar na tábua que está pronta!

×	1	2	3	4	5	6	7	8	9	10
1	1	2	3	4	5	6	7	8	9	10
2	2	4		8	10	12	14	16	18	20
3	3	6	9		15		21	24		30
4	4		12	16	20	24	28		36	40
5	5	10	15	20		30	35	40	45	50
6	6	12		24	30	36		48	54	60
7	7	14	21	28	35	42	49	56	63	70
8	8		24	32	40	48	56		72	
9	9	18	27		45		63	72		90
10	10	20	30	40	50	60	70	80	90	100

a) Como você pensou para descobrir os resultados?

____

____

____

b) Escreva as multiplicações correspondentes, como no modelo:

12 = 3 × 4, 4 × 3, 2 × 6, 6 × 2

18 = _______________

24 = _______________

32 = _______________

40 = _______________

VOCÊ É BOM DETETIVE?

88 Há dez resultados errados na tábua de Pitágoras. Encontre-os e pinte-os.

×	1	2	3	4	5	6	7	8	9	10
1	1	2	3	4	5	6	7	8	9	10
2	2	4	6	8	10	12	14	16	18	20
3	3	6	9	10	15	18	20	24	28	30
4	4	8	12	16	20	24	28	32	36	40
5	5	10	15	20	25	30	35	40	45	50
6	6	12	16	24	30	36	48	49	56	60
7	7	14	21	28	35	42	49	56	63	70
8	8	16	24	30	40	48	56	63	72	80
9	9	18	27	35	45	54	63	72	81	90
10	10	20	30	40	50	60	70	80	90	100

89 Agora, escreva os resultados corretamente:

_____ × _____ = _____ _____ × _____ = _____

_____ × _____ = _____ _____ × _____ = _____

_____ × _____ = _____ _____ × _____ = _____

_____ × _____ = _____ _____ × _____ = _____

_____ × _____ = _____ _____ × _____ = _____

90 Descubra em que números estou pensando:

a) Está na tabuada do 2, do 3, do 6 e do 9. É par, menor que 20 e maior que 10:

_____

b) São números ímpares, aparecem uma vez na tábua: _____

c) Estão na tabuada do 2, do 4 e do 8: _____

91 **Como anda a sua memória?**

× 9

4	
	45
3	
	18
8	
	81
6	

× 7

5	
	49
8	
	21
9	
	42
4	

× 8

	64
	32
	24
	72
	16
	40
	48

× 6

	42
	36
	30
	12
	54
	48
	18

MULTIPLICAÇÃO EM ORGANIZAÇÃO RETANGULAR

92 Observe a sala de cinema Procópio 1.

a) Como podemos calcular rapidamente o total de cadeiras? Converse com seus colegas e tente descobrir uma forma rápida de verificar a quantidade de cadeiras.

b) Quantas fileiras de cadeiras há? ______

c) Quantas cadeiras há em cada fileira? ______

d) Como podemos representar com uma adição a quantidade de cadeiras?

______

e) Qual multiplicação representa a imagem?

______

f) Se fosse uma sala de cinema com 8 fileiras com 9 cadeiras em cada uma, quantas cadeiras seriam ao todo? ______

g) E se fossem 7 fileiras com 4 cadeiras em cada uma? ______

93 Em uma sala de cinema, há 120 cadeiras. Quantas fileiras de 10 cadeiras há no cinema?

______

94 Veja como as cadeiras das salas de cinema foram separadas e registre as multiplicações correspondentes:

a)

_____ × _____ = _____   _____ × _____ = _____   _____ × _____ = _____

Que multiplicação representa o total de cadeiras? _____ × _____ = _____

b)

_____ × _____ = _____   _____ × _____ = _____

Que multiplicação representa o total de cadeiras? _____ × _____ = _____

c)

_____ × _____ = _____   _____ × _____ = _____

Que multiplicação representa o total de cadeiras? _____ × _____ = _____

95 Pense e resolva as situações-problema:

a) Um pedreiro colocou no chão 4 pilhas de tijolos com 2 tijolos em cada uma. Depois, colocou outras 4 pilhas com 2 tijolos em cada uma ao lado das primeiras. Quantos tijolos há no total?

Resposta: ____

b) Se fossem 6 pilhas com 3 tijolos em cada, quantos tijolos seriam no total?

Resposta: ____

OUTRAS FORMAS DE CALCULAR

Alice precisava calcular esta multiplicação. Veja como ela resolveu:

$$4 \times 12 =$$

Alice fez a decomposição do número 12 e pintou na malha retangular.

10 2

Ela obteve como resultado 48, então **4 × 12 = 48**.

Sua amiga Luciana resolveu essa multiplicação de duas maneiras diferentes:

$$\begin{array}{r} 4 \times 10 = 40 \\ 4 \times 2 = 8 \\ \hline 48 \end{array}$$

$$\begin{array}{c} 10 + 2 = \\ 4 \\ \hline 40 + 8 = 48 \end{array}$$

96 Resolva as multiplicações a seguir usando uma das estratégias da Luciana:

a) 4 × 22 =

b) 2 × 23 =

Júlia também resolveu as mesmas multiplicações, mas de outra maneira. Veja:

	D	U
	1	2
×		4
		8
+	4	0
	4	8

	D	U
	2	2
×		4
		8
+	8	0
	8	8

97 Agora é sua vez de resolver as multiplicações como a Júlia:

a) 2 × 23 =

D	U

b) 3 × 21 =

D	U

ALGORITMO DA MULTIPLICAÇÃO

98 Luciana resolveu o problema abaixo de duas maneiras diferentes.

Caio comprou 2 livros. Cada um custou 34 reais. Quantos reais Caio gastou?

Compare as duas formas de resolução:

	D	U
	3	4
×		2
		8
+	6	0
	6	8

	D	U
	3	4
×		2
	6	8

Qual é a diferença entre as duas maneiras de resolver?

99 Arme e em seguida efetue as seguintes multiplicações (Observe o item (a) que já está resolvido).

a) $2 \times 34 =$

$$\begin{array}{r} 34 \\ \times \quad 2 \\ \hline 68 \end{array}$$

b) $3 \times 12 =$

c) $4 \times 12 =$

d) $2 \times 14 =$

e) $3 \times 13 =$

f) $4 \times 21 =$

g) $2 \times 43 =$

h) $2 \times 34 =$

i) $3 \times 21 =$

j) $5 \times 11 =$

100 Luciana recebeu um desafio maior de sua professora. Veja como ela resolveu:

Caio comprou 4 livros. Cada um deles custou 35 reais. Quantos reais Caio gastou?

Compare as duas formas de resolução:

	C	D	U
		3	5
×			4
		2	0
+	1	2	0
	1	4	0

	C	D	U
		[2]3	5
×			4
	1	4	0

101 No algoritmo:

C	D	U
	²3	5
×		4
1	4	0

a) O que o número 4 representa? ______________________

b) O que o número 35 representa? ______________________

c) Por que o algarismo **2** foi colocado sobre o algarismo 3?

____

____

____

TERMOS DA MULTIPLICAÇÃO

	D	U	
	3	4	← **FATOR**
×		2	← **FATOR**
	6	8	← **PRODUTO**

102 Arme e em seguida efetue as seguintes multiplicações (Observe o item(a) que já está resolvido).

a) $3 \times 28 =$

$$\begin{array}{r} \overset{2}{2}8 \\ \times \quad 3 \\ \hline 84 \end{array}$$

b) $4 \times 39 =$

c) $5 \times 37 =$

d) $8 \times 28 =$

e) $5 \times 75 =$

f) $4 \times 56 =$

g) $3 \times 125 =$

h) $4 \times 254 =$

i) $5 \times 231 =$

j) $8 \times 127 =$

k) $4 \times 147 =$

l) $3 \times 267 =$

103 Arme e em seguida efetue as seguintes multiplicações (Observe o item(a) que já está resolvido).

a) $5 \times 675 =$ $$\begin{array}{r} \overset{3}{6}\overset{2}{7}5 \\ \times \quad 5 \\ \hline 3375 \end{array}$$	b) $4 \times 347 =$	c) $8 \times 231 =$
d) $3 \times 532 =$	e) $4 \times 198 =$	f) $5 \times 179 =$
g) $2 \times 768 =$	h) $3 \times 379 =$	i) $4 \times 305 =$
j) $2 \times 998 =$	k) $3 \times 184 =$	l) $4 \times 556 =$

ALGORITMO DA DIVISÃO

Você já conhece os termos da adição, subtração e multiplicação. Agora vai conhecer os termos da divisão.

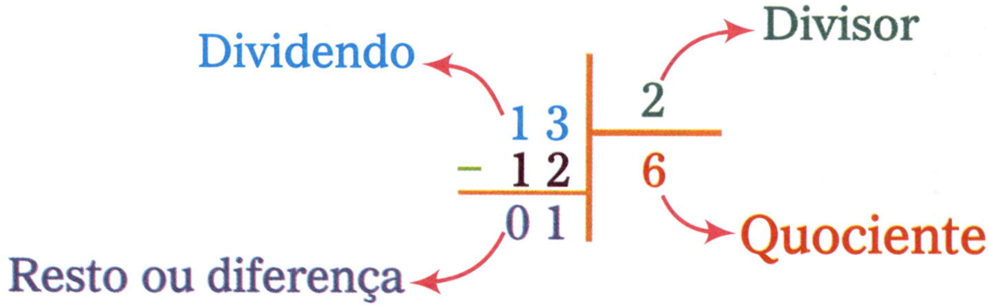

Você também já sabe resolver adições, subtrações e multiplicações usando algoritmos. Agora, vai aprender o algoritmo da divisão. Veja:

Temos 42 reais para dividir entre duas pessoas:

Num primeiro momento, ocorre a divisão das notas de dez: serão duas para cada criança. Após realizar essa ação, é registrado o número 2 no quociente, abaixo da letra D de dezena representando as 20 unidades. Em seguida, faz-se a operação $2 \times 2 = 4$ para confirmar o total distribuído, visto que foram feitos dois grupos de duas notas de dez cada. A subtração $4 - 4 = 0$ indica que não sobrou nota de dez para ser redistribuída.

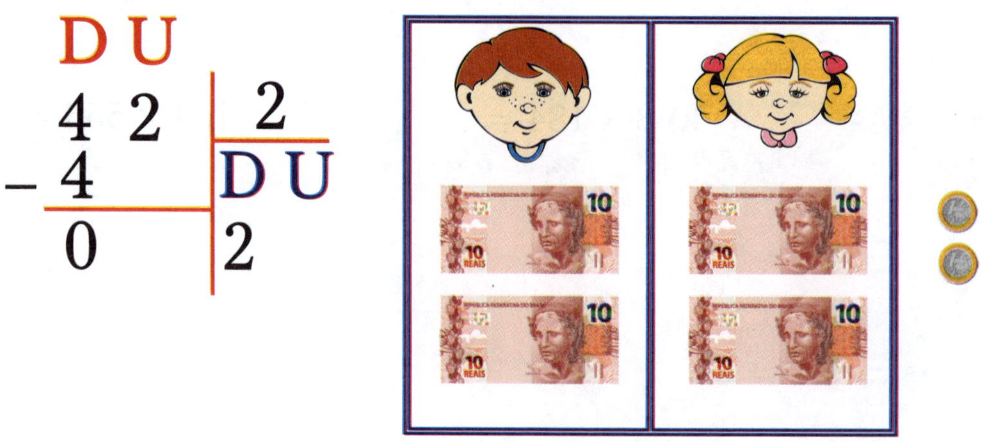

Em seguida, abaixa-se o 2 porque a divisão, agora, é dos dois reais. Repartem-se os 2 reais entre as crianças e cada um receberá uma moeda de 1 real. Após a distribuição das moedas, ocorrerá o registro do 1 abaixo da letra U de unidade (no quociente). Então, cada personagem recebeu 21 reais.

```
  D U
  4 2 | 2
- 4   |D U
  0 2 |2 1
-   2 |
    0 |
```

Fonte: http://www.ensinandomatematica.com/operacao-divisao-passo-passo/

104 Arme e em seguida efetue as seguintes divisões (Observe o item(a) que já está resolvido).

a) 49 ÷ 3 =

```
   49 | 3
-  3  | 16
   19 |
-  18 |
    1 |
```

b) 37 ÷ 2 =

c) 68 ÷ 4 =

d) 36 ÷ 2 =

e) 47 ÷ 3 =

f) 54 ÷ 3 =

g) 78 ÷ 6 =	h) 42 ÷ 3 =	i) 39 ÷ 2 =
j) 52 ÷ 4 =	k) 34 ÷ 2 =	l) 98 ÷ 7 =
m) 150 ÷ 3 =	n) 125 ÷ 5 =	o) 184 ÷ 4 =

p) $168 \div 8 =$

q) $114 \div 3 =$

r) $164 \div 4 =$

105 Arme e em seguida efetue as seguintes divisões (Observe o item(a) que já está resolvido).

a) $65 \div 3 =$

$$
\begin{array}{r|l}
\overset{\frown}{6}\,5 & 3 \\ \cline{2-2}
-6 & 21 \\ \cline{1-1}
0\,5 & \\
-3 & \\ \cline{1-1}
2 &
\end{array}
$$

b) $36 \div 3 =$

c) $84 \div 2 =$

d) $86 \div 2 =$

e) $96 \div 3 =$

f) $48 \div 4 =$

g) 24 ÷ 2 =

h) 49 ÷ 4 =

i) 69 ÷ 2 =

j) 57 ÷ 5 =

k) 87 ÷ 2 =

l) 85 ÷ 4 =

106 Arme e em seguida efetue as seguintes divisões (Observe o item(a) que já está resolvido).

a) 845 ÷ 2 =

```
  8 4 5 | 2
- 8     |_____
  ----- | 4 2 2
  0 4
-   4
  -----
    0 5
  -   4
  -----
      1
```

b) 264 ÷ 2 =

c) 862 ÷ 2 =

d) $996 \div 3 =$

e) $668 \div 2 =$

f) $844 \div 4 =$

g) $78 \div 6 =$

h) $42 \div 3 =$

i) $38 \div 2 =$

j) $56 \div 4 =$

k) $78 \div 2 =$

l) $64 \div 4 =$

m) $84 \div 6 =$

n) $95 \div 5 =$

o) $65 \div 5 =$

p) $74 \div 3 =$

q) $96 \div 5 =$

r) $87 \div 6 =$

107 Arme e em seguida efetue as seguintes divisões (Observe o item(a) que já está resolvido).

a) $145 \div 2 =$

```
  1 4 5 | 2
– 1 4   | 7 2
  -----
  0 5
–   4
  -----
    1
```

b) $364 \div 4 =$

c) $562 \div 2 =$

d) $746 \div 3 =$	e) $567 \div 4 =$	f) $734 \div 4 =$
g) $678 \div 6 =$	h) $642 \div 3 =$	i) $738 \div 2 =$
j) $456 \div 4 =$	k) $878 \div 2 =$	l) $964 \div 4 =$

m) 488 ÷ 6 =	n) 795 ÷ 5 =	o) 365 ÷ 5 =
p) 274 ÷ 3 =	q) 596 ÷ 5 =	r) 487 ÷ 6 =

PAR OU ÍMPAR?

Você sabe o que são números pares e ímpares? Leia a tirinha.

https://www.humorcomciencia.com/blog/112-matematica/

108 Converse com seus colegas e com a professora e responda: as personagens da tirinha sabem o que significa número par e número ímpar?

Como você explicaria a eles?

____

____

____

____

____

109 Desenhe e complete com as palavras **PAR** ou **ÍMPAR**:

a) 10 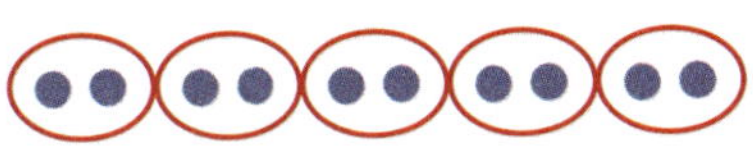 Não sobrou nenhuma unidade, logo 10 é par.

b) 11 — 11 é ______________.

c) 12 — 12 é ______________.

d) 13 — 13 é ______________.

e) 14 — 14 é ______________.

f) 15 — 15 é ______________.

Quais são os números pares?

Números pares são todos aqueles que, divididos por 2, possuem resto igual a zero. Veja: 2, 14, 20, 38, 546, 1000, 46538, basta memorizar que são todos aqueles números que terminam com os algarismos **0, 2, 4, 6** e **8**. Como assim? Qualquer número que termine com algum desses algarismos, por maior que seja, sempre será um número par. Os números 2, 14, 20, 38, 546, 1000, 46538... todos esses são pares.

Quais são os números ímpares?

Números ímpares são todos aqueles cujo resto é igual a 1, quando dividimos por 2. Ou seja, são todos os números terminados em **1, 3, 5, 7** e **9**. Assim como o 19, 47, 123, todos esses são também números ímpares.

Você já percebeu que os números, quando colocados em ordem, sempre se alternam entre ímpar e par? Vão sempre pulando de um em um. Como assim?

Veja o exemplo:

- 1 (ímpar)
- 2 (par)
- 3 (ímpar)
- 4 (par)
- 5 (ímpar)
- 6 (par)
- 7 (ímpar)
- 8 (par)
- 9 (ímpar)
- 10 (par)
- (...)
- 121 (ímpar)
- 122 (par)
- 123 (ímpar)
- 124 (par)
- 125 (ímpar)

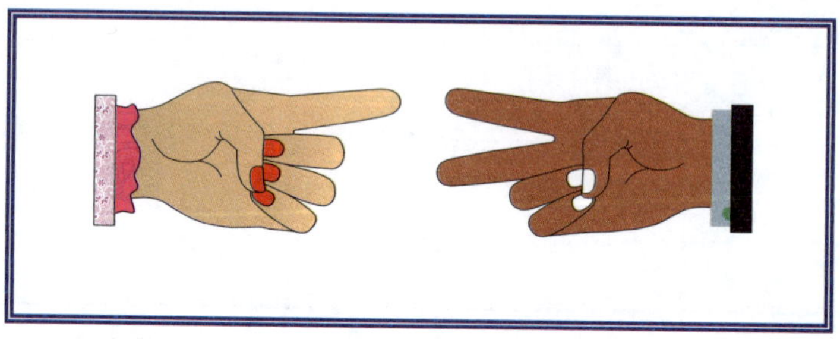

E assim em diante, até o infinito. Sempre que um número for ímpar, o número seguinte será par, e vice-versa.

110 Com os algarismos **1 , 2 e 0**, forme:

a) O maior número par: ______________

b) O menor número ímpar: ______________

c) O menor número par: ______________

d) O maior número ímpar: ______________

111 Pinte os números pares:

1	2	3	4	5
6	7	8	9	10
11	12	13	14	15
16	17	18	19	20
21	22	23	24	25
26	27	28	29	30
31	32	33	34	35
36	37	38	39	40
41	42	43	44	45
46	47	48	49	50
51	52	53	54	55

112 Complete o quadro com os números que estão faltando e depois responda às questões:

301	302	303		305	306			309	310
311		313	314			317	318		
	322			325		327		329	330
		333	334		336			339	
341	342			345		347	348		350
351			354	355	356	357			360
		363	364			367	368	369	
371		373		375	376				380
	382		384			387	388	389	390
391	392	393	394	395			398	399	

a) Quais são as colunas que possuem somente números pares?

b) E quais são as colunas que possuem apenas números ímpares?

c) Qual é o maior número par do quadro? E o menor?

d) Qual é o maior número ímpar formado por três algarismos diferentes?

e) Quais são os números que estão entre 348 e 354?

f) Pinte de amarelo os números que terminam em zero e observe a sequência formada por eles. Qual é a regra dessa sequência?

113 Complete o quadro com os números que estão faltando e depois responda às questões:

	202	203	204	205			208		210
211			214		216	217	218		220
		223		225		227	228	229	230
231	232		234	235		237		239	
241		243			246		248		250
251			254	255		257			260
		263	264			267	268	269	
271		273		275	276				280
	282		284			287	288	289	290
291	292	293	294	295			298	299	

a) Quais são as colunas que possuem somente números pares?

b) E quais são as colunas que possuem apenas números ímpares?

c) Qual é o maior número par do quadro? E o menor?

d) Qual é o maior número ímpar formado por três algarismos diferentes?

e) Quais são os números que estão entre 214 e 220?

DOBRO E METADE

114 a) Como você faz para encontrar o dobro do número 2?

___

b) E o dobro do número 5? ___

c) O dobro do número 6? ___

d) O dobro do número 15? ___

e) Registre as descobertas da sua classe:

___

___

___

115 a) Como você faz para encontrar a metade do número 4?

___

b) E a metade do número 6? ___

c) E a metade do número 10? ___

d) E a metade do número 30? ___

e) Registre as descobertas da sua classe:

___

___

___

116 Preencha a tabela:

QUAL É O DOBRO?		QUAL É A METADE?	
7		14	
9		18	
30		40	
40		80	

Dobro e metade

117 Agora, calcule:

a)

Total de peras ____________

Metade: ____________

b)

Total de laranjas: ____________

Metade: ____________

118 Complete as tabelas abaixo.

a)

A metade de ...	
Dividimos por 2 (÷ 2)	
4	
6	
8	
10	

b)

O dobro de ...	
Multiplicamos por 2 (× 2)	
4	
6	
8	
10	

119 Você já viu alguma propaganda em que se compra um alimento e ganha outro?

Vamos calcular o dobro dos números abaixo.

a) O dobro de 8 é ________

b) O dobro de 6 é ________

c) O dobro de 4 é ________

d) O dobro de 10 é ________

e) O dobro de 12 é ________

f) O dobro de 20 é ________

g) O dobro de 24 é ________

h) O dobro de 30 é ________

i) O dobro de 50 é ________

j) O dobro de 58 é ________

k) O dobro de 36 é ________

l) O dobro de 22 é ________

m) O dobro de 40 é ________

n) O dobro de 46 é ________

o) O dobro de 100 é ________

TERÇA PARTE, QUARTA PARTE, QUINTA PARTE E DÉCIMA PARTE

Mariana comprou 24 bombons em uma loja de doces e precisava guardar a quarta parte. Como ela pode resolver essa questão?

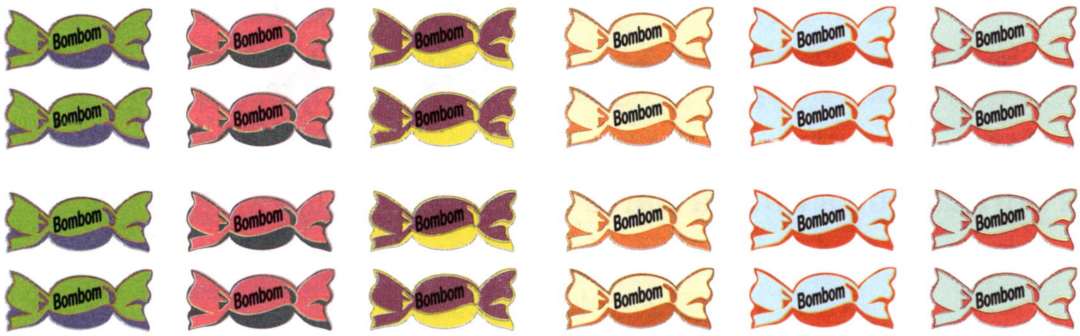

Conseguiu separar a quarta parte? Veja como ela resolveu:

Ela dividiu em quatro partes e guardou somente UMA, que foram 6 bombons.

Então, podemos dizer que **quarta parte** é quando dividimos por quatro e ficamos com uma parte.

120 Leia e resolva as situações-problema.

a) Clara precisa organizar seus livros e guardar **a quarta** parte em uma prateleira. Ajude Clara a resolver esse problema.

Podemos afirmar que a **quarta parte** é igual a:

$$12 \div 4 = \_\_\_\_$$

Clara organizou na prateleira ______ livros, que é igual à quarta parte de 12.

b) Júlia estava separando algumas bolas da loja de seu pai para doar. Ela queria somente a **terça parte** da quantidade total de bolas. Quantas bolas ela doará?

- Em quantas partes Júlia deverá separar as bolas para descobrir a terça parte?

____

____

- E quantas bolas ela irá doar? ______________

- Podemos concluir que a **terça parte** de 15 é ______________

121 Agora faça o desenho e resolva estes problemas.

a) Flávia organizou suas 12 bonecas e verificou que a **terça parte** delas precisam ser limpas e arrumadas. Quantas bonecas Flávia precisará arrumar?

Resposta: ______

Podemos concluir que a **terça parte** de 12 é ______

b) Lucas precisa fazer um trabalho com palitos de sorvete. De 30 palitos, ele usará somente a quinta parte. Quantos palitos ele usará?

Resposta: ______

Podemos concluir que a **quinta parte** de 30 é ______

c) Fábio precisa da **quinta parte** de um bloco de 45 folhas sulfites para usar em um trabalho. De quantas folhas sulfites ele precisa?

Resposta: ______________________________

Podemos concluir que a **quinta parte** de 45 é ______________________________

d) Manuela precisa guardar a **décima parte** de 90 documentos em uma gaveta. Quantos documentos Manuela guardará?

Resposta: ______________________________

Podemos concluir que a **décima parte** de 90 é ______________________________

Quando queremos saber qual é a **terça parte**, **quarta parte**, **quinta parte** e **décima parte** de algo, como podemos resolver?

____

____

____

____

____

CÁLCULO MENTAL

122 Calcule mentalmente:

a) 1 + 1 = ________ b) 2 + 2 = ________

c) 3 + 3 = ________ d) 4 + 4 = ________

e) 5 + 5 = ________ f) 6 + 1 = ________

g) 7 + 2 = ________ h) 8 + 0 = ________

i) 9 + 1 = ________ j) 7 + 3 = ________

k) 1 + 9 = ________ l) 2 + 8 = ________

m) 8 + 2 = ________ n) 2 + 1 = ________

o) 3 + 1 = ________ p) 3 + 2 = ________

q) 3 + 4 = ________ r) 3 + 5 = ________

s) 3 + 6 = ________ t) 3 + 7 = ________

u) 6 + 6 = ________ v) 4 + 1 = ________

w) 4 + 3 = ________ x) 4 + 2 = ________

y) 3 + 4 = ________ z) 4 + 5 = ________

123 Calcule mentalmente:

a) 10 + 3 = ________ b) 11 + 9 = ________ c) 12 + 2 = ________

d) 9 + 8 = ________ e) 8 + 5 = ________ f) 10 – 3 = ________

g) 11 – 9 = ________ h) 12 – 2 = ________ i) 9 – 8 = ________

j) 8 – 5 = ________ k) 2 × 5 = ________ l) 4 × 2 = ________

m) 7 × 2 = ________ n) 3 × 2 = ________ o) 5 × 2 = ________

Como se lê a sentença matemática: _______ + 1 = 10?

Que número mais um é igual a dez?

124 Complete calculando para obter o resultado 10.

a) _______ + 2 = 10
b) _______ + 3 = 10
c) _______ + 4 = 10
d) _______ + 5 = 10
e) _______ + 6 = 10
f) _______ + 7 = 10
g) _______ + 8 = 10
h) _______ + 9 = 10
i) _______ + 10 = 10

Como se lê a sentença matemática: 1 + _______ = 10?

Um mais quanto é igual a dez?

125 Complete:

a) 2 + _______ = 10
b) 3 + _______ = 10
c) 4 + _______ = 10
d) 5 + _______ = 10
e) 6 + _______ = 10
f) 7 + _______ = 10
g) 8 + _______ = 10
h) 9 + _______ = 10
i) 0 + _______ = 10

126 Pense rápido e complete as lacunas abaixo:

a) 10 – _______ = 1
b) 10 – _______ = 2
c) 10 – _______ = 3
d) 10 – _______ = 4
e) 10 – _______ = 5
f) 10 – _______ = 6
g) 10 – _______ = 7
h) 10 – _______ = 8
i) 10 – _______ = 9
j) 10 – _______ = 0
k) 3 – _______ = 1
l) 5 – _______ = 3
m) 3 – _______ = 2
n) 4 – _______ = 2
o) 9 – _______ = 1
p) 8 – _______ = 2
q) 7 – _______ = 3
r) 6 – _______ = 4
s) 5 – _______ = 5
t) 9 – _______ = 6
u) 8 – _______ = 7
v) 9 – _______ = 4
w) 8 – _______ = 5
x) 3 – _______ = 3
y) 4 – _______ = 3
z) 4 – _______ = 1

127 Calcule mentalmente:

a) 4 – 2 = ______	b) 4 – 3 = ______
c) 4 – 4 = ______	d) 5 – 1 = ______
e) 5 – 2 = ______	f) 5 – 3 = ______
g) 5 – 4 = ______	h) 5 – 5 = ______
i) 6 – 1 = ______	j) 6 – 2 = ______
k) 6 – 3 = ______	l) 6 – 4 = ______
m) 10 – 1 = ______	n) 9 – 1 = ______
o) 10 – 2 = ______	p) 10 – 3 = ______
q) 10 – 4 = ______	r) 10 – 5 = ______
s) 10 – 6 = ______	t) 10 – 7 = ______
u) 10 – 8 = ______	v) 10 – 9 = ______
w) 10 – 10 = ______	x) 3 – 1 = ______
y) 3 – 2 = ______	z) 3 – 3 = ______

128 Complete:

a)	10 + 0 = ______	9 + 0 = ______	8 + 1 = ______	9 + 1 = ______
b)	8 + 2 = ______	7 + 1 = ______	7 + 2 = ______	8 + 0 = ______
c)	7 + 0 = ______	6 + 1 = ______	6 + 2 = ______	7 + 3 = ______
d)	6 + 3 = ______	6 + 4 = ______	5 + 1 = ______	6 + 0 = ______
e)	5 + 2 = ______	5 + 3 = ______	5 + 0 = ______	5 + 4 = ______
f)	5 + 5 = ______	4 + 0 = ______	4 + 2 = ______	4 + 1 = ______
g)	4 + 3 = ______	4 + 5 = ______	4 + 6 = ______	4 + 4 = ______
h)	4 + 0 = ______	3 + 1 = ______	3 + 2 = ______	3 + 0 = ______
i)	3 + 3 = ______	3 + 5 = ______	3 + 6 = ______	3 + 4 = ______
j)	3 + 7 = ______	2 + 3 = ______	2 + 0 = ______	2 + 1 = ______
k)	2 + 2 = ______	2 + 7 = ______	2 + 4 = ______	2 + 6 = ______
l)	2 + 5 = ______	1 + 2 = ______	0 + 0 = ______	1 + 1 = ______
m)	2 + 8 = ______	1 + 0 = ______	1 + 7 = ______	1 + 3 = ______
n)	1 + 6 = ______	1 + 9 = ______	0 + 10 = ______	1 + 4 = ______

Total de acertos: ______________________

Total de erros: ______________________

Você precisa estudar mais os cálculos mentais de adição? Por quê?

____

129 Complete:

a)	1 – 1 = ______	2 – 1 = ______	2 – 0 = ______	1 – 0 = ______
b)	2 – 2 = ______	4 – 3 = ______	4 – 2 = ______	4 – 4 = ______
c)	3 – 1 = ______	3 – 3 = ______	3 – 2 = ______	3 – 0 = ______
d)	4 – 0 = ______	9 – 0 = ______	9 – 9 = ______	4 – 1 = ______
e)	9 – 1 = ______	9 – 3 = ______	9 – 4 = ______	9 – 2 = ______
f)	9 – 5 = ______	9 – 7 = ______	9 – 8 = ______	9 – 6 = ______
g)	7 – 0 = ______	7 – 2 = ______	7 – 3 = ______	7 – 1 = ______
h)	7 – 4 = ______	7 – 6 = ______	7 – 7 = ______	7 – 5 = ______
i)	8 – 0 = ______	8 – 2 = ______	8 – 3 = ______	8 – 1 = ______
j)	8 – 4 = ______	8 – 6 = ______	8 – 7 = ______	8 – 5 = ______
k)	8 – 8 = ______	6 – 6 = ______	6 – 1 = ______	6 – 0 = ______
l)	6 – 2 = ______	6 – 4 = ______	6 – 5 = ______	6 – 3 = ______
m)	5 – 0 = ______	5 – 1 = ______	0 – 0 = ______	5 – 5 = ______
n)	5 – 2 = ______	5 – 4 = ______	10 – 0 = ______	5 – 3 = ______

Total de acertos: ______________________

Total de erros: ______________________

Você precisa estudar mais os cálculos mentais de subtração? Por quê?

____

130 Vamos treinar mais um pouco!

Calcule mentalmente:

a) 19 – 9 = ________

b) 18 – 9 = ________

c) 17 – 8 = ________

d) 16 – 7 = ________

e) 15 – 8 = ________

f) 14 – 7 = ________

g) 13 – 8 = ________

h) 12 – 9 = ________

i) 11 – 2 = ________

j) 17 – 6 = ________

k) 16 – 8 = ________

l) 15 – 7 = ________

m) 14 – 6 = ________

n) 13 – 5 = ________

o) 12 – 3 = ________

p) 16 – 9 = ________

q) 14 – 5 = ________

r) 11 – 7 = ________

s) 12 – 8 = ________

t) 15 – 4 = ________

u) 13 – 3 = ________

v) 13 – 4 = ________

w) 17 – 9 = ________

x) 13 – 7 = ________

y) 16 – 4 = ________

z) 15 – 6 = ________

PARA FAZER EM CLASSE

131 Chegue primeiro ao 10 e, depois, continue calculando.

Muita atenção para as explicações da professora.

a) 7 + 4 = 11

7 + 3 + 1 = 10 + 1

10 + 1 = 11

b) 5 + 6 = ____

____ + ____ + ____ = 10 + ____

10 + ____ = ____

c) 8 + 4 = ____

____ + ____ + ____ = 10 + ____

10 + ____ = ____

d) 7 + 8 = ____

____ + ____ + ____ = 10 + ____

10 + ____ = ____

e) 9 + 7 = ____

____ + ____ + ____ = 10 + ____

10 + ____ = ____

f) 3 + 9 = ____

____ + ____ + ____ = 10 + ____

10 + ____ = ____

Como se lê a sentença matemática: 19 – ________ = 10?
Dezenove menos quanto é igual a dez?

132 Complete calculando para obter o resultado 10.

a) 19 – ________ = 10

b) 18 – ________ = 10

c) 17 – ________ = 10

d) 16 – ________ = 10

e) 15 – ________ = 10

f) 14 – ________ = 10

g) 13 – ________ = 10

h) 12 – ________ = 10

i) 11 – ________ = 10

j) 10 – ________ = 10

133 Pinte as adições que têm como resultado 10.

a)	5 + 1	1 + 9	7 + 5	6 + 4
b)	4 + 7	5 + 2	3 + 7	3 + 4
c)	8 + 2	2 + 7	0 + 0	4 + 8
d)	2 + 8	6 + 8	8 + 8	6 + 7
e)	3 + 9	1 + 8	1 + 9	8 + 0
f)	9 + 1	7 + 0	8 + 3	5 + 8
g)	6 + 5	9 + 1	3 + 5	5 + 3
h)	7 + 1	7 + 7	7 + 3	4 + 9
i)	6 + 1	8 + 5	6 + 3	5 + 5
j)	5 + 4	2 + 9	5 + 5	7 + 0
k)	3 + 7	4 + 6	10 + 0	0 +10

134 Chegue primeiro ao 10 e, depois, continue calculando.

Esse exercício requer muita atenção.

a) 5 + 9 = 14

5 + 5 + 4 = 10 + 4

10 + 4 = 14

b) 2 + 9 = ____

____ + ____ + ____ = 10 + ____

10 + ____ = ____

c) 8 + 7 = ____

____ + ____ + ____ = 10 + ____

10 + ____ = ____

d) 6 + 8 = ____

____ + ____ + ____ = 10 + ____

10 + ____ = ____

e) 9 + 9 = ____

____ + ____ + ____ = 10 + ____

10 + ____ = ____

f) 8 + 4 = ____

____ + ____ + ____ = 10 + ____

10 + ____ = ____

135 Complete as adições:

a) 4 + 5 = ____	b) 7 + 4 = ____	c) 7 + 7 = ____
d) 5 + 4 = ____	e) 8 + 1 = ____	f) 4 + 0 = ____
g) 3 + 6 = ____	h) 19 + 0 = ____	i) 15 + 3 = ____
j) 12 + 1 = ____	k) 16 + 3 = ____	l) 13 + 2 = ____
m) 18 + 2 = ____	n) 17 + 1 = ____	o) 17 + 3 = ____
p) 14 + 5 = ____	q) 14 + 4 = ____	r) 11 + 8 = ____
s) 13 + 7 = ____	t) 13 + 4 = ____	u) 12 + 2 = ____

136 Calcule mentalmente:

a) 10 + 10 = ______ b) 20 + 2 = ______

c) 30 + 30 = ______ d) 40 + 40 = ______

e) 50 + 5 = ______ f) 60 + 1 = ______

g) 70 + 20 = ______ h) 80 + 10 = ______

i) 90 + 1 = ______ j) 70 + 3 = ______

k) 1 + 90 = ______ l) 20 + 8 = ______

m) 80 + 2 = ______

137 Calcule mentalmente:

a) 10 + ______ = 100 b) 20 + ______ = 100 c) 40 + ______ = 100

d) 70 + ______ = 100 e) 80 + ______ = 100 f) 100 – 30 = ______

g) 100 – 90 = ______ h) 100 – 20 = ______ i) 100 – 80 = ______

j) 100 – 50 = ______ k) 100 – ______ = 80 l) 100 – ______ = 60

m) 100 – ______ = 50 n) 100 – ______ = 30 o) 100 – ______ = 40

138 Calcule mentalmente:

a) 6 × 1 = ______ b) 6 × 10 = ______ c) 6 × 100 = ______

d) 7 × 1 = ______ e) 7 × 10 = ______ f) 7 × 100 = ______

g) 9 × 1 = ______ h) 9 × 10 = ______ i) 9 × 100 = ______

j) 5 × 1 = ______ k) 5 × 10 = ______ l) 5 × 100 = ______

m) 8 × 1 = ______ n) 8 × 10 = ______ o) 8 × 100 = ______

p) 4 × 1 = ______ q) 4 × 10 = ______ r) 4 × 100 = ______

139 Calcule o resultado da multiplicação e preencha os espaços da divisão.

Veja o exemplo:

a)

10 × 8 = 80	
80 ÷ 10 = 8	80 ÷ 8 = 10

b)

5 × 9 = ____	
45 ÷ 5 = ____	____ ÷ 9 = 5

c)

9 × 8 = ____	
____ ÷ 9 = ____	____ ÷ 8 = ____

d)

7 × 10 = 70	
____ ÷ 7 = ____	70 ÷ 10 = ____

e)

5 × 7 = ____	
____ ÷ 5 = ____	____ ÷ 7 = ____

f)

____ × ____ = ____	
____ ÷ 8 = ____	____ ÷ 7 = ____

g)

3 × 9 = ____	
____ ÷ 9 = ____	____ ÷ 3 = ____

h)

8 × 6 = ____	
____ ÷ 8 = ____	____ ÷ 6 = ____

i)

6 × 5 = ____	
____ ÷ 6 = ____	____ ÷ 5 = ____

140 Faça os cálculos mentalmente:

a) 17 – 6 = ________ b) 15 – 6 = ________

c) 13 – 6 = ________ d) 12 – 6 = ________

e) 11 – 6 = ________ f) 15 – 7 = ________

g) 14 – 7 = ________ h) 12 – 7 = ________

i) 10 – 7 = ________ j) 15 – 8 = ________

k) 14 – 8 = ________ l) 13 – 8 = ________

m) 12 – 8 = ________ n) 11 – 8 = ________

o) 17 – 9 = ________ p) 13 – 9 = ________

q) 12 – 9 = ________ r) 11 – 9 = ________

141 Resolva os cálculos mentalmente e compare-os com os de um colega.

a) 46 + 22 = ________

b) 120 + 44 = ________

c) 132 + 56 = ________

d) 151 + 22 = ________

e) 223 + 63 = ________

f) 440 + 58 = ________

g) 812 + 47 = ________

h) 385 + 14 = ________

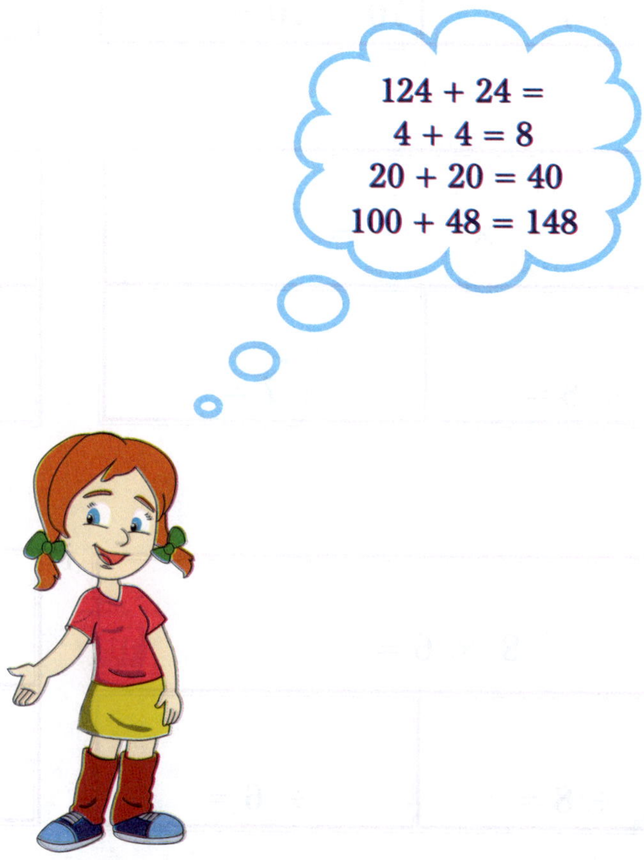

142 Calcule o resultado da multiplicação e preencha os espaços da divisão.

Veja o exemplo:

a)

3 × 4 = 12	
12 ÷ 3 = 4	12 ÷ 4 = 3

b)

6 × 4 = ____	
____ ÷ ____ = ____	____ ÷ ____ = ____

c)

2 × 6 = ____	
____ ÷ ____ = ____	____ ÷ ____ = ____

d)

4 × 5 = ____	
____ ÷ ____ = ____	____ ÷ ____ = ____

e)

7 × 6 = ____	
____ ÷ ____ = ____	____ ÷ ____ = ____

f)

5 × 10 = ____	
____ ÷ ____ = ____	____ ÷ ____ = ____

g)

3 × 8 = ____	
____ ÷ ____ = ____	____ ÷ ____ = ____

h)

4 × 8 = ____	
____ ÷ ____ = ____	____ ÷ ____ = ____

i)

2 × 8 = ____	
____ ÷ ____ = ____	____ ÷ ____ = ____

143 Siga o exemplo e calcule mentalmente:

a)

2 × 4 =	8
2 × 40 =	80
2 × 400 =	800
2 × 4 000 =	8 000

b)

3 × 3 =	
3 × 30 =	
3 × 300 =	
3 × 3 000 =	

c)

4 × 5 =	
4 × 50 =	
4 × 500 =	
4 × 5 000 =	

d)

5 × 7 =	
5 × 70 =	
5 × 700 =	
5 × 7 000 =	

e)

6 × 1 =	
6 × 10 =	
6 × 100 =	
6 × 1 000 =	

f)

7 × 3 =	
7 × 30 =	
7 × 300 =	
7 × 3 000 =	

g)

8 × 4 =	
8 × 40 =	
8 × 400 =	
8 × 4 000 =	

h)

9 × 5 =	
9 × 50 =	
9 × 500 =	
9 × 5 000 =	

144 Em cada linha, pinte as multiplicações cujo resultado está à direita.

a)	6 × 6	9 × 4	7 × 5	**36**
b)	8 × 2	3 × 7	4 × 4	**16**
c)	3 × 8	4 × 6	5 × 5	**24**
d)	4 × 10	5 × 8	6 × 7	**40**
e)	8 × 4	4 × 6	5 × 6	**32**
f)	6 × 9	8 × 7	9 × 6	**54**
g)	8 × 4	6 × 5	3 × 10	**30**
h)	9 × 9	9 × 8	8 × 10	**81**
i)	9 × 5	6 × 7	7 × 6	**42**
j)	8 × 8	6 × 8	8 × 5	**48**

145 Escreva o número que falta para que o resultado fique correto.

a) ______ + 12 = 32

b) ______ + 50 = 75

c) ______ + 36 = 96

d) ______ + 11 = 73

e) ______ – 2 = 18

f) ______ – 25 = 25

g) ______ – 28 = 42

h) ______ – 80 = 100

146 Calcule o resultado da multiplicação e preencha os espaços da divisão. Veja o exemplo:

a)

9 × 6 = 54	
54 ÷ 9 = 6	54 ÷ 6 = 9

b)

6 × 8 = ____	
____ ÷ ____ = ____	____ ÷ ____ = ____

c)

3 × 2 = ____	
____ ÷ ____ = ____	____ ÷ ____ = ____

d)

5 × 8 = ____	
____ ÷ ____ = ____	____ ÷ ____ = ____

e)

5 × 6 = ____	
____ ÷ ____ = ____	____ ÷ ____ = ____

f)

4 × 10 = ____	
____ ÷ ____ = ____	____ ÷ ____ = ____

g)

7 × 4 = ____	
____ ÷ ____ = ____	____ ÷ ____ = ____

h)

3 × 5 = ____	
____ ÷ ____ = ____	____ ÷ ____ = ____

i)

4 × 6 = ____	
____ ÷ ____ = ____	____ ÷ ____ = ____

147 Siga o exemplo e calcule mentalmente:

a)

$1 \times 3 =$	3
$1 \times 30 =$	30
$1 \times 300 =$	300
$1 \times 3\,000 =$	3 000

b)

$2 \times 9 =$	
$2 \times 90 =$	
$2 \times 900 =$	
$2 \times 9\,000 =$	

c)

$3 \times 4 =$	
$3 \times 40 =$	
$3 \times 400 =$	
$3 \times 4\,000 =$	

d)

$4 \times 2 =$	
$4 \times 20 =$	
$4 \times 200 =$	
$4 \times 2\,000 =$	

e)

$5 \times 4 =$	
$5 \times 40 =$	
$5 \times 400 =$	
$5 \times 4\,000 =$	

f)

$6 \times 8 =$	
$6 \times 80 =$	
$6 \times 800 =$	
$6 \times 8\,000 =$	

g)

$7 \times 7 =$	
$7 \times 70 =$	
$7 \times 700 =$	
$7 \times 7\,000 =$	

h)

$8 \times 5 =$	
$8 \times 50 =$	
$8 \times 500 =$	
$8 \times 5\,000 =$	

148 Faça os cálculos mentalmente:

a) 27 – 6 = ____________
b) 27 – 10 = ____________
c) 21 – 9 = ____________
d) 21 – 5 = ____________
e) 22 – 7 = ____________
f) 22 – 2 = ____________
g) 25 – 9 = ____________
h) 25 – 7 = ____________
i) 24 – 5 = ____________
j) 25 – 8 = ____________
k) 25 – 6 = ____________
l) 23 – 3 = ____________
m) 23 – 6 = ____________
n) 21 – 7 = ____________
o) 21 – 3 = ____________
p) 22 – 8 = ____________
q) 22 – 6 = ____________
r) 27 – 8 = ____________

149 Explique como você pensou para resover 22 – 8.

____

____

____

____

150 Calcule o resultado da multiplicação e preencha os espaços da divisão. Veja o exemplo:

a)

10 × 5 = 50	
50 ÷ 10 = 5	50 ÷ 5 = 10

b)

____ × ____ = ____	
24 ÷ 3 = ____	____ ÷ ____ = ____

c)

____ × ____ = ____	
32 ÷ 4 = ____	____ ÷ ____ = ____

d)

____ × ____ = ____	
15 ÷ 5 = ____	____ ÷ ____ = ____

e)

____ × ____ = ____	
54 ÷ 6 = ____	____ ÷ ____ = ____

f)

____ × ____ = ____	
64 ÷ 8 = ____	____ ÷ ____ = ____

g)

____ × ____ = ____	
27 ÷ 3 = ____	____ ÷ ____ = ____

h)

____ × ____ = ____	
48 ÷ 8 = ____	____ ÷ ____ = ____

i)

____ × ____ = ____	
18 ÷ 2 = ____	____ ÷ ____ = ____

151 Resolva, mentalmente, os cálculos de cada linha:

a) $6 + 6 =$ ____ $60 + 60 =$ ____ $600 + 600 =$ ____

b) $8 + 8 =$ ____ $80 + 80 =$ ____ $800 + 800 =$ ____

c) $4 + 4 =$ ____ $40 + 40 =$ ____ $400 + 400 =$ ____

d) $5 + 5 =$ ____ $50 + 50 =$ ____ $500 + 500 =$ ____

e) $7 + 7 =$ ____ $70 + 70 =$ ____ $700 + 700 =$ ____

f) $3 + 3 =$ ____ $30 + 30 =$ ____ $300 + 300 =$ ____

g) $9 + 9 =$ ____ $90 + 90 =$ ____ $900 + 900 =$ ____

h) $2 + 2 =$ ____ $20 + 20 =$ ____ $200 + 200 =$ ____

152 Resolva os cálculos mentalmente:

a) $14 + 7 =$ ____ b) $55 + 20 =$ ____

c) $34 + 17 =$ ____ d) $54 - 17 =$ ____

e) $27 - 14 =$ ____ f) $36 - 11 =$ ____

g) $4 \times 5 =$ ____ h) $5 \times 7 =$ ____

i) $3 \times 9 =$ ____ j) $30 \div 5 =$ ____

k) $40 \div 8 =$ ____ l) $81 \div 9 =$ ____

153 Faça os cálculos mentalmente:

a) $12 \div 3 =$ ______ b) $24 \div 4 =$ ______ c) $25 \div 5 =$ ______

d) $36 \div 6 =$ ______ e) $27 \div 3 =$ ______ f) $28 \div 4 =$ ______

g) $64 \div 8 =$ ______ h) $12 \div 2 =$ ______ i) $32 \div 4 =$ ______

j) $20 \div 4 =$ ______ k) $15 \div 5 =$ ______ l) $40 \div 4 =$ ______

m) $36 \div 4 =$ ______ n) $30 \div 3 =$ ______ o) $16 \div 4 =$ ______

p) $24 \div 3 =$ ______ q) $12 \div 6 =$ ______ r) $9 \div 3 =$ ______

s) $8 \div 4 =$ ______ t) $20 \div 5 =$ ______ u) $6 \div 3 =$ ______

154 Resolva os cálculos mentalmente:

a) $6 + 18 =$ ______ b) $59 + 14 =$ ______

c) $32 + 13 =$ ______ d) $59 - 18 =$ ______

e) $28 - 14 =$ ______ f) $37 - 12 =$ ______

g) $9 \times 5 =$ ______ h) $8 \times 7 =$ ______

i) $10 \times 9 =$ ______ j) $45 \div 5 =$ ______

k) $48 \div 8 =$ ______ l) $27 \div 9 =$ ______

155 Explique como você pensou para resolver **59 + 14**:

156 Decomponha os números abaixo. Siga o modelo.

a)	1 846	1 000 + 800 + 40 + 6
b)	1 500	1 000 + 500
c)	1 385	
d)	1 055	
e)	2 013	
f)	2 001	

157 Complete as sequências de acordo com os comandos:

a)	39	+ 24 →	63	÷ 3 →	21	× 5 →	105	– 5 →	100
b)	87	– 59 →	28	÷ 7 →		× 8 →		+ 73 →	
c)	6	× 3 →		+ 6 →		÷ 6 →		+ 12 →	
d)	14	÷ 2 →		× 4 →	28	+ 8 →		÷ 6 →	

158 Calcule mentalmente:

a)

2 × 3 =	
2 × 30 =	
2 × 300 =	
2 × 3 000 =	

b)

3 × 1 =	
3 × 10 =	
3 × 100 =	
3 × 1 000 =	

c)

4 × 9 =	
4 × 90 =	
4 × 900 =	
4 × 9 000 =	

d)

5 × 8 =	
5 × 80 =	
5 × 800 =	
5 × 8 000 =	

e)

6 × 7 =	
6 × 70 =	
6 × 700 =	
6 × 7 000 =	

f)

7 × 6 =	
7 × 60 =	
7 × 600 =	
7 × 6 000 =	

g)

8 × 4 =	
8 × 40 =	
8 × 400 =	
8 × 4 000 =	

h)

9 × 5 =	
9 × 50 =	
9 × 500 =	
9 × 5 000 =	

159 Resolva os cálculos mentalmente:

a) $27 + 40 =$ ______ b) $33 + 43 =$ ______ c) $51 + 39 =$ ______

d) $47 + 19 =$ ______ e) $19 + 19 =$ ______ f) $55 + 35 =$ ______

g) $98 - 36 =$ ______ h) $44 - 25 =$ ______ i) $55 - 16 =$ ______

j) $37 - 18 =$ ______ k) $88 - 35 =$ ______ l) $93 - 24 =$ ______

m) $5 \times 6 =$ ______ n) $7 \times 8 =$ ______ o) $6 \times 4 =$ ______

p) $2 \times 9 =$ ______ q) $3 \times 6 =$ ______ r) $7 \times 7 =$ ______

160 Em cada linha, pinte as divisões cujo resultado está à direita:

a)	18 ÷ 2	30 ÷ 4	9 ÷ 3	**9**
b)	24 ÷ 1	24 ÷ 2	12 ÷ 4	**24**
c)	40 ÷ 4	45 ÷ 5	100 ÷ 10	**10**
d)	12 ÷ 2	64 ÷ 8	24 ÷ 4	**6**
e)	24 ÷ 3	36 ÷ 6	32 ÷ 4	**8**
f)	18 ÷ 6	12 ÷ 3	16 ÷ 4	**3**
g)	25 ÷ 5	36 ÷ 6	24 ÷ 4	**6**
h)	32 ÷ 4	28 ÷ 7	81 ÷ 9	**9**
i)	21 ÷ 7	14 ÷ 7	18 ÷ 9	**2**
j)	50 ÷ 10	10 ÷ 1	45 ÷ 9	**5**

161 Siga o exemplo e resolva as multiplicações e divisões:

a) $3 \times 5 = 15$

$30 \times 5 = 150$

$300 \times 5 = 1\,500$

$3\,000 \times 5 = 15\,000$

b) $3 \times 7 =$ ______

$30 \times 7 =$ ______

$300 \times 7 =$ ______

$3\,000 \times 7 =$ ______

c) $4 \times 8 =$ ______

$40 \times 8 =$ ______

$400 \times 8 =$ ______

$4\,000 \times 8 =$ ______

d) $25 \div 5 =$ ______

$250 \div 5 =$ ______

$2\,500 \div 5 =$ ______

$25\,000 \div 5 =$ ______

e) $36 \div 6 =$ ______

$360 \div 6 =$ ______

$3600 \div 6 =$ ______

$36\,000 \div 6 =$ ______

f) $36 \div 4 =$ ______

$360 \div 4 =$ ______

$3\,600 \div 4 =$ ______

$36\,000 \div 4 =$ ______

162 Calcule:

a) 30 ÷ 3 = ____________

b) 32 ÷ 4 = ____________

c) 40 ÷ 5 = ____________

d) 36 ÷ 6 = ____________

e) 27 ÷ 3 = ____________

f) 36 ÷ 9 = ____________

g) 64 ÷ 8 = ____________

h) 4 × 6 = ____________

i) 6 × 8 = ____________

j) 8 × 4 = ____________

k) 4 × 5 = ____________

l) 7 × 9 = ____________

m) 2 × 4 = ____________

n) 8 × 3 = ____________

163 Faça os cálculos:

a)

	+ 2	+ 3	− 4	+ 2	+ 6	− 3	+ 2	+ 5
70								

b)

	+ 5	+ 2	+ 3	+ 4	− 6	+ 3	+ 2	+ 2
85								

c)

	+ 5	− 3	+ 6	− 2	+ 4	− 10	+ 5	+ 5
120								

164 Decomponha os números de duas maneiras diferentes:

2870	
376	
1289	
247	

165 Quanto falta para 100?

a) 30 + ______ = 100

b) 40 + ______ = 100

c) 60 + ______ = 100

d) 50 + ______ = 100

e) ______ + 10 = 100

f) ______ + 80 = 100

g) ______ + 70 = 100

h) ______ + 60 = 100

i) ______ + 10 + 40 = 100

j) ______ + 10 + 80 = 100

k) ______ + 20 + 40 = 100

l) ______ + 30 + 60 = 100

166 Observe a regra que se repete em cada sequência e escreva o número que está faltando.

180	200	220		260		300
500	450		350		250	
213	218	223				

167 Pinte as subtrações que têm como resultado:

50

a)

150 – 100	250 – 50	190 – 140	180 – 120	375 – 325

30

b)

100 – 70	180 – 150	290 – 280	330 – 300	465 – 435

20

c)

290 – 180	160 – 140	360 – 350	460 – 440	80 – 60

168 Complete a sequência numérica.

a) 210 → 230 → ____ → ____ → ____ → ____

b) 300 → ____ → 400 → ____ → 500 → ____

c) 430 → 426 → ____ → ____ → ____ → ____

169 Complete as operações para que o resultado seja sempre 600.

600

300 + ______

800 – ______

900 – ______

700 – ______

______ +100

______ +200

170 Calcule:

a) $25 + 40 =$ ______	b) $24 + 12 =$ ______	c) $66 + 12 =$ ______
d) $72 + 16 =$ ______	e) $12 \div 4 =$ ______	f) $21 \div 3 =$ ______
g) $95 - 25 =$ ______	h) $77 - 33 =$ ______	i) $66 - 44 =$ ______
j) $87 - 17 =$ ______	k) $42 \div 6 =$ ______	l) $27 \div 3 =$ ______
m) $4 \times 3 =$ ______	n) $6 \times 2 =$ ______	o) $5 \times 8 =$ ______
p) $4 \times 9 =$ ______	q) $30 \div 5 =$ ______	r) $32 \div 8 =$ ______

PROBLEMAS

171 Observe as estratégias que os alunos de uma classe de 3º ano usaram para resolver o problema:

Valdir e Janete são irmãos e querem comprar um presente para sua mãe. Valdir deu 140 reais e Janete ajudou com 132 reais. Quantos reais eles conseguiram juntar ?

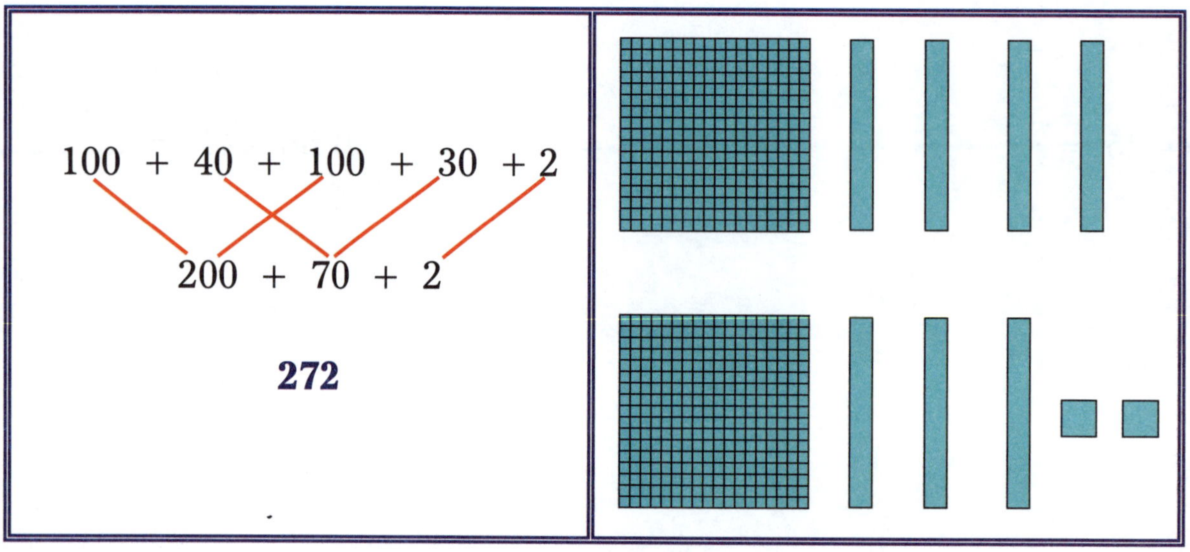

Resolva o problema acima usando outra estratégia:

Resposta: ____________________

172 Durante as férias de janeiro, Rafael viajou para praia e pode brincar e se divertir bastante. A mãe de Rafael tirou muitas fotos durante a viagem. Na primeira semana tirou 461 fotos e na segunda semana 114. Quantas fotos ela tirou nessas duas semanas de viagem?

Dados do problema **Cálculo(s)**

Resposta: ______________________________

173 Após chegarem de viagem a mãe de Rafael resolveu olhar as fotos e apagar as que não saíram tão boas. Das 575 fotos tiradas, ela apagou 254 fotos. Com quantas fotos boas ela ficou?

Dados do problema **Cálculo(s)**

Resposta: ______________________________

174 Durante a viagem, Rafael e sua mãe compraram várias lembracinhas para presentear seus avós. O menino resolveu distribuir as 20 lembracinhas em 4 caixas para entregar para seus avós, em quantidades iguais. Quantas lembrancinhas ficaram em cada caixa?

Dados do problema **Cálculo(s)**

Resposta: ______________________________

175 Rafael adorou um doce que comeu em uma cidade que visitou. Sua mãe comprou 7 caixas com 5 doces em cada uma. Quantos doces ela comprou no total?

Dados do problema **Cálculo(s)**

Resposta: ______________________________

176 Para o feriado de Carnaval, uma pousada está se preparando para receber muitos hóspedes. Para sexta-feira, estão confirmados 214 hóspedes no período da manhã e 126 no período da noite. Quantos hóspedes essa pousada receberá?

Dados do problema | **Cálculo(s)**

Resposta: ______________________________

177 No Carnaval, Mauro resolveu ir a um bloquinho com uma turma de amigos. Durante o dia, eles decidiram recolher os copos plásticos que estavam jogados no chão para mobilizar outras pessoas a jogarem seus copos no lixo. Conseguiram recolher ao todo 156 copos. Desse total, colocaram em um saco 145. Quantos copos ainda faltam colocar no saco de lixo?

Dados do problema | **Cálculo(s)**

Resposta: ______________________________

178 Para ficar o dia todo no bloquinho, a mãe de Mauro preparou vários lanchinhos para ele e os amigos aproveitarem bastante. Ela separou 6 sacos e colocou 4 lanchinhos em cada saco. Quantos lanches ela fez no total?

Dados do problema **Cálculo(s)**

Resposta: ______________________________

179 A prima de Mauro e suas amigas resolveram usar máscaras para pular nos bloquinhos. Elas fizeram 24 máscaras bem coloridas para serem distribuídas igualmente entre as 4 amigas. Com quantas máscara cada uma ficará?

Dados do problema **Cálculo(s)**

Resposta: ______________________________

180 Os alunos de uma escola em Curitiba se empenharam tanto na divulgação do Dia Mundial da Água, que várias pessoas começaram a agir tentando reduzir o consumo de água. Veja as situações-problema abaixo e resolva-as:

a) Lúcia começou a armazenar a água que sai do chuveiro antes de esquentar para reutilizá-la. Para isso, passou a usar um balde para recolher essa água. Seus pais e irmão também estão fazendo o mesmo. Ao final do dia, conseguiram encher 4 baldes com capacidade de 6 litros cada um. Quantos litros de água armazenaram?

Dados do problema **Cálculo(s)**

Resposta: ____________________

b) A mãe de Lúcia começou a reduzir o uso da água em suas atividades diárias. Ao final do mês, viu que tinha economizado 108 litros. Guilherme, amigo de Lúcia, convenceu sua mãe a reduzir o consumo de água e conseguiu economizar 78 litros. Quantos litros de água os dois conseguiram economizar juntos?

Dados do problema **Cálculo(s)**

Resposta: ____________________

c) O pai de Guilherme decidiu ajudar também na divulgação da campanha. Para isso, resolveu imprimir 165 folhetos para entregar em seu trabalho. Ele conseguiu entregar 112 folhetos. Quantos ainda faltam entregar?

Dados do problema **Cálculo(s)**

Resposta: ______________________________

d) Dona Paula, avó de Lúcia, está reutilizando a água da chuva para regar as flores do seu jardim. Ela conseguiu encher um balde grande com 30 litros. Agora, vai distribuir esses 30 litros de água em 5 galões para regar suas flores. Quantos litros ficarão em cada galão?

Dados do problema **Cálculo(s)**

Resposta: ______________________________

181 Em 22 de março, comemora-se o Dia Mundial da Água. Os alunos do 3º ano realizaram uma Blitz Ecológica com questões relacionadas à importância da preservação das águas e às formas de como evitar o desperdício.

a) Na semana em comemoração ao Dia Mundial da Água, as turmas do 3º ano prepararam um questionário no Forms para ser respondido por alunos de outras séries e funcionários da escola. No primeiro dia da pesquisa, foram entrevistadas 461 pessoas, e no segundo dia, 157. Quantas pessoas responderam ao questionário nesses dois dias?

Dados do problema	Cálculo(s)

Resposta: ____________________

b) Uma das salas distribuiu garrafinhas de água com rótulos confeccionados pelos alunos. Ao todo, havia 7 caixas com 8 garrafinhas em cada uma. Quantas garrafinhas foram distribuídas no total?

Dados do problema	Cálculo(s)

Resposta: ____________________

c) Outra sala de aula confeccionou 20 cartazes com temas sobre a água para serem distribuídos igualmente em 5 espaços diferentes da escola. Quantos cartazes foram colados em cada espaço?

Dados do problema **Cálculo(s)**

Resposta: ______________________________

d) As estações de tratamento de água da Sabesp funcionam como verdadeiras fábricas para produzir água potável. Das 246 estações, 212 fornecem água aos municípios do interior e litoral do estado de São Paulo; as restantes abastecem a Região Metropolitana de São Paulo. Quantas estações abastecem a Região Metropolitana de São Paulo?

Dados do problema **Cálculo(s)**

Resposta: ______________________________

182 Leia as situações-problema abaixo e relacione-as às perguntas adequadas:

A) Fernanda tem 6 caixas. Em cada caixa ela guarda 10 bonecas.

B) Andressa e seus amigos foram a uma loja de doces. Compraram 86 balas e já comeram 25.

C) Um supermercado foi inaugurado hoje e distribuiu balas às pessoas que compareceram à inauguração. Carlos e Bernardo receberam 36 balas e dividiram-nas entre eles.

D) Carolina gastou 46 reais em tiaras e 23 reais em fivelas para o cabelo.

E) Paulinho foi à feira para comprar frutas e verduras. Levou 98 reais e gastou 47 reais nas compras.

( ) Quantos reais sobraram? ______

( ) Quantas balas cada um recebeu? ______

( ) Quantos reais gastou? ______

( ) Quantas balas sobraram? ______

( ) Quantas bonecas há no total? ______

Leia as situações-problema acima as resolva:

183 As crianças estão organizadas em fila. Leia as informações e nomeie cada criança corretamente.

a) Ricardo é o quarto na fila.

b) Ana Luisa está na frente de João Pedro.

c) Rafael é o primeiro da fila.

d) Laura não está atrás de Rafael.

e) João Pedro está na frente de Ricardo.

---

184 Leia os problemas a seguir e observe as semelhanças e diferenças entre eles. Em seguida, registre-as.

a) Luciana comprou 5 caixas de lápis de cor com 20 lápis em cada uma. Quantos lápis Luciana comprou?

b) Luciana comprou 20 lápis de cor e quer guardá-los em 5 caixas com quantidades iguais. Quantos lápis Luciana guardará em cada caixa?

SEMELHANÇAS:

DIFERENÇAS:

Cálculo(s):

185 LEIA AS SITUAÇÕES - PROBLEMA DOS EXERCÍCIOS A, B, C, D E FAÇA UM X NA PERGUNTA ADEQUADA, DEPOIS RESOLVA-O.

a) Marcos tem um livro com 254 páginas. Ele já leu 52 páginas desse livro.

( ) Quantos dias ele levou para ler as 52 páginas?

( ) Qual é o nome do livro?

( ) Quantas páginas faltam para ele terminar a leitura?

Dados do problema **Cálculo(s)**

Resposta: ____________________

b) Bruna deu 34 balas para uma amiga e 12 balas para sua prima.

( ) Qual era o sabor das balas?

( ) Quantas balas ela deu para as meninas?

( ) Quantas balas ela tinha?

Dados do problema **Cálculo(s)**

Resposta: ____________________

c) Daniela foi a uma livraria e gastou 23 reais. Ela levou 56 reais para pagar suas compras.

( ) O que Daniela comprou?

( ) Quantos reais ela recebeu de troco?

( ) Quantos reais ela deu de troco?

Dados do problema **Cálculo(s)**

Resposta: ____________________

d) Fabiana tinha 36 papéis de carta e distribuiu igualmente sua coleção em 3 pastas.

( ) Quantos papéis de carta ela colocou em cada pasta?

( ) Qual é o papel de carta de que Fabiana mais gosta?

( ) Quantos papéis de carta ela ganhou de sua mãe?

Dados do problema **Cálculo(s)**

Resposta: ____________________

186 Júlio tem uma barraca de frutas na feira de Pinheiros, que acontece todos os sábados. Ele colocou para vender 168 abacaxis, 120 laranjas e 40 melancias. No fim do dia, após vender todos os abacaxis, resolveu fazer uma oferta e vendeu mais 112 abacaxis. Quantos abacaxis Júlio vendeu nesse dia?

Dados do problema | **Cálculo(s)**

Resposta: ______________________________

---

187 Carolina sempre vai à feira de Pinheiros e compra frutas na barraca de Júlio. No sábado, ela comprou 5 abacates, uma dúzia de laranjas, uma dezena de maçãs e, em outra barraca, 2 pés de alface. Quantas frutas Carolina comprou?

Dados do problema | **Cálculo(s)**

Resposta: ______________________________

188 As turmas do 4° ano trouxeram várias garrafas PET vazias para um trabalho na aula de Arte. A professora Denise fez um cartaz com a quantidade de garrafas que as turmas A e B conseguiram juntar. A turma A juntou 136 garrafas e a B conseguiu 142 garrafas.

a) Quantas garrafas essas turmas trouxeram juntas? ______

b) Qual foi a diferença entre a quantidade de garrafas PET que essas turmas conseguiram? ______

Espaço para cálculos

189 Outras duas turmas trouxeram garrafas PET. A turma do 4° ano C trouxe 175 garrafas e o 4° ano D trouxe 124.

a) Quantas garrafas essas turmas trouxeram juntas? ______

b) Quantas garrafas o 4° ano C trouxe a mais que o 4° ano D? ______

c) Quantas garrafas o 4° ano D trouxe a menos que o 4° ano A? ______

Espaço para cálculos

190 Miriam e Cláudia são irmãs e compraram dois vestidos para a festa junina da escola. O vestido de Miriam custou 289 reais e o vestido de Cláudia custou 176 reais.

a) Quanto elas pagaram pelos dois vestidos? ______________________

b) Qual é a diferença de preço entre os dois vestidos? ______________________

Espaço para cálculos

---

191 Camila e Joana têm juntas uma coleção de 198 latinhas temáticas de filmes famosos. Dessas, 41 são de Joana.

a) Quantas são as latinhas de Camila? ______________________

b) Quantas latinhas Camila tem a mais que Joana? ______________________

Espaço para cálculos

192 Eduardo, Carlos e Magda jogaram o Jogo de Gude. Observe a pontuação de cada um:

Participantes	Pontuação
Eduardo	20
Carlos	31
Magda	48

a) Quantos pontos Eduardo fez a menos que Magda? ____________________

b) Quantos pontos Magda fez a mais que Carlos? ____________________

c) Quantos pontos as crianças fizeram juntas? ____________________

Espaço para cálculos

193 Complete com os dados que faltam:

a) Pedrinho comprou ____________ caixas de lápis de cor. Em cada caixa, havia ____________ lápis de cor. Quantos lápis de cor Pedrinho comprou no total?

Resposta: Pedrinho comprou 24 lápis de cor.

Dados do problema	Cálculo(s)

b) Regina ganhou ____________ cartelas de adesivos. Cada cartela tinha ____________ adesivos. Quantos adesivos Regina ganhou no total?

Resposta: Regina ganhou 30 adesivos no total.

Dados do problema	Cálculo(s)

c) Jairo estava organizando as prateleiras dos sucos no supermercado e pegou ________ caixas de suco de laranja. Em cada caixa, havia ________ sucos. Quantos sucos Jairo teve que organizar?

Respostas: Jairo organizou 45 sucos de laranjas nas prateleiras.

Dados do problema	Cálculo(s)

194 Flávia já leu 138 páginas de um livro que tem 350 páginas. Quantas páginas faltam para Flávia terminar o livro?

Dados do problema	Cálculo(s)

195 Maria fez 1 dúzia de biscoitos para seus 3 netos levarem de lanche para a escola. Quantos biscoitos cada neto levará a escola?

Dados do problema **Cálculo(s)**

Resposta: ____

196 Dos 450 reais que tinha, Manoel já gastou uma quantia e ficou com 315 reais. Quantos reais ele gastou?

Dados do problema **Cálculo(s)**

Resposta: ____

197 Em um pet shop, há um aquário em exposição com 80 peixes. A metade deles é de peixes vermelhos. Trinta peixes são amarelos e o restante é azul.

Faça os cálculos e complete a tabela.

	Vermelhos	Amarelos	Azuis
Número de peixes			

Espaço para cálculos

198 LEIA OS PROBLEMAS E ASSINALE A ALTERNATIVA CORRETA:

a) Na vitrine de uma loja, estão expostos vários objetos. Há 4 dezenas de brincos, 25 canetas, 12 colares e uma dezena de carteiras. Quantos objetos estão expostos?

a) $4 + 25 + 12 + 10 = 51$
b) $40 + 25 + 12 + 1 = 78$
c) $40 + 25 + 12 + 100 = 177$
d) Nenhuma das alternativas

b) Estudos indicam que cada pessoa produz, em média, 8 quilogramas de lixo por dia. Quantos quilogramas de lixo produzem por dia 5 pessoas?

a) $8 + 5 = 13$
b) $5 \times 8 = 40$
c) $8 \times 5 = 35$
d) Nenhuma das alternativas

c) Sofia adora guardar as pontas dos lápis de cor. Ela já tem em sua coleção 280 pontas. Sua amiga Luzia tem 234 pontas. Quantas pontas de lápis Sofia tem a mais que Luzia?

Assinale a alternativa correta:

a) 280 + 234 = 514

b) 280 – 234 = 46

c) 280 – 234 = 54

d) Nenhuma das alternativas

PROBABILIDADE

199 Vitória e Analice estavam brincando de jogar dados. Elas jogavam dois dados e somavam os números que saíam. Cada uma delas, antes de começar o jogo, marcou numa folha as somas que achavam que seriam possíveis.

1. Veja a folha de Vitória e Analice e marque com um X as somas possíveis:

Vitória	Analice
( ) 1	( ) 2
( ) 5	( ) 6
( ) 7	( ) 9
( ) 10	( ) 11
( ) 12	( ) 13

2.Socialize e justifique oralmente suas escolhas.

3. Que outros números elas poderiam ter escrito?

200 Antônio faz parte do Instituto Arara-Azul, onde fizeram 182 ninhos artificiais para ajudar e monitorar as araras-azuis, espécie ameaçada pela extinção. Também monitoram outros 367 ninhos espalhados pelo Brasil. No total, quantos ninhos o Instituto está monitorando?

Dados do problema | **Cálculo(s)**

Resposta: ______________________________

201 Além das aves, Antônio também estuda as tartarugas-marinhas. Ele pesquisou que uma fêmea pode botar ovos várias vezes ao ano. Para isso, ficou observando uma tartaruga-fêmea, que botou 175 ovos na primeira temporada e 152 ovos na segunda. Qual foi a diferença da quantidade de ovos entre uma temporada e outra?

Dados do problema | **Cálculo(s)**

Resposta: ______________________________

202 Na faculdade em que Antônio é professor, há um laboratório com 7 aranhas-armadeira, que são consideradas as mais venenosas do mundo. Elas ficam fechadas em uma caixa de vidro para serem estudadas. Sabendo que cada aranha possui 8 patas, quantas patas há no total na caixa de vidro?

Dados do problema **Cálculo(s)**

Resposta: ____________________

203 Na faculdade de Biologia, os professores também cuidam de macacos. Diariamente, eles distribuem igualmente 48 bananas entre os 8 macacos da faculdade. Quantas bananas cada macaco come ao longo do dia?

Dados do problema **Cálculo(s)**

Resposta: ____________________

204 Carla é professora de Educação Física. Ela resolveu fazer uma pesquisa com os alunos do colégio para saber de quais esportes eles mais gostam. O resultado obtido foi colocado em uma tabela.

ESPORTES	QUANTIDADE DE ALUNOS QUE ESCOLHERAM
Futebol	240
Basquete	125
Vôlei	120
Natação	115

De acordo com a tabela, responda às questões.

a) Quantos alunos participaram da pesquisa? ______

b) Qual a diferença na quantidade de alunos que escolheram futebol e natação?

______

c) Comparando à opção basquete, quantos alunos a mais escolheram futebol?

______

d) Comparando à opção vôlei, quantos alunos a menos escolheram natação?

______

Espaço para cálculos

205 Célia marcou 816 pontos em uma partida de videogame, disputada em duas fases. Na primeira fase do jogo, ela marcou 429 pontos. Quantos pontos Célia marcou na segunda fase do jogo?

Dados do problema

Cálculo(s)

Resposta: ______________________________

206 Uma empresa tem três unidades. Na unidade A, trabalham 201 funcionários, na unidade B, trabalham 123 funcionários e, na unidade C, trabalham 62 funcionários. Quantos funcionários trabalham nas três unidades dessa empresa?

Dados do problema

Cálculo(s)

Resposta: ______________________________

207 Carla precisa separar seus alunos em grupos de 6 para disputarem uma gincana. Quantos grupos serão formados se ela tem 30 alunos?

Dados do problema **Cálculo(s)**

Resposta: ______________________________

208 Marque um X nos problemas que podem ser resolvidos com a multiplicação

$$12 \times 4 = 48$$

( ) Ana comprou 12 canetas. O preço de uma caneta é 4 reais. Quantos reais Ana gastou?

( ) Carlos tinha 12 reais e comprou 4 canetas iguais. Qual é o preço de cada caneta?

( ) Sofia tem uma cartela com 12 adesivos e Júlia tem 4 cartelas iguais às de Sofia. Quantos adesivos Júlia tem?

( ) Dona Cida comprou uma dúzia de ovos e usou apenas 4. Quantos ovos sobraram?

( ) Paulinho organizou seus 12 carrinhos em 4 prateleiras, igualmente. Quantos carrinhos ele colocou em cada prateleira?

209 Perto da casa de Lia, há uma banca de jornais que troca quatro gibis usados por um novo. Lia levou quinze gibis usados para trocar.

- Quantos gibis ela recebeu? ______________________
- Lia ainda ficou com gibis usados? Quantos? ______________

Espaço para cálculos

210 Laura comprou 4 pacotes de figurinhas. Cada pacote tem 5 figurinhas. Ela deu 6 figurinhas para Paulo. Com quantas ficou?

Dados do problema	**Cálculo(s)**

Resposta: ______________________________

211 Para a festa de 15 anos de sua filha, Juliana encomendou 250 brigadeiros, 180 beijinhos e 125 cajuzinhos. Ao final da festa, sobraram 103 docinhos. Quantos docinhos foram consumidos durante a festa?

Dados do problema **Cálculo(s)**

Resposta: ______________________________

212 O problema abaixo está fora de sequência. Numere seguindo a sequência correta e depois o resolva:

(   ) Uma papelaria comprou, dessa fábrica, 6 pacotes médios, 9 pacotes pequenos e 5 lápis avulsos.

(   ) Em cada pacote médio, é embalada 1 centena de lápis e, em cada pacote pequeno, 1 dezena de lápis.

(   ) Quantos lápis essa papelaria comprou?

(   ) Para embalar lápis, uma fábrica usa dois tipos de pacotes: médio e pequeno.

Dados do problema **Cálculo(s)**

Resposta: ______________________________

213 Assinale a alternativa certa e resolva os problemas:

a) Paulinha quer comprar um par de patins novos. Todo mês recebe de seus pais uma mesada de 120 reais e já tem 360 reais guardados. Se o par de patins que ela quer custa 540 reais, quantos reais faltam para comprá-lo?

a) $120 + 360 + 540 =$ b) $120 + 360 =$ c) $540 - 360 =$ d) $360 - 120 =$

Dados do problema **Cálculo(s)**

Resposta: ______________________________

b) O cuidador do elefante Timóteo, usa 5 sabonetes e 22 esponjas para dar seu banho semanal. Quantos sabonetes ele usa em 4 semanas para dar o banho em Timóteo?

a) $5 + 22 + 4 =$ b) $5 + 22 =$ c) $22 + 22 + 22 + 22 =$ d) $4 \times 5 =$

Dados do problema **Cálculo(s)**

Resposta: ______________________________

214 Leia os problemas e marque com um X o cálculo correto para cada um deles:

a) Jorge tem 243 figurinhas e seu primo Cláudio tem 125. Quantas figurinhas Jorge tem a mais que Cláudio?

( ) 243 + 125 = 368
( ) 125 + 243 = 368
( ) 243 – 125 = 122
( ) 243 – 125 = 118

b) Fabiana fez bombons e resolveu guardá-los em caixas. Em cada caixa ela colocou 4 bombons. Quantas caixas foram formadas se havia 28 bombons para guardar?

( ) 4 + 28 = 32
( ) 28 – 4 = 24
( ) 4 × 28 = 112
( ) 28 ÷ 4 = 7

c) Juliana fez doces e salgados para o aniversário de sua boneca. Ela fez 12 esfirras, 15 brigadeiros, 14 quibes e 16 cocadinhas. Quantos doces Juliana fez?

( ) 12 + 15 + 14 + 16 = 57
( ) 15 + 16 = 31
( ) 12 + 14= 26
( ) 14 + 16 = 30

d) Carolina precisa de 230 reais para comprar um lindo vestido de presente a sua mãe. Ela já tem 160 reais. Quantos reais faltam para ela conseguir comprar o presente?

( ) 230 – 160 = 130
( ) 230 – 160 = 70
( ) 230 + 160 = 390
( ) 160 + 230 = 390

e) João tem 40 figurinhas e quer colá-las em um álbum, em páginas onde cabem 8 figurinhas. Quantas páginas do álbum ele conseguirá encher com suas figurinhas?

( ) 40 + 8 = 48
( ) 40 ÷ 8 = 5
( ) 40 × 8 = 320
( ) 40 – 8 = 32

f) Paulinho encheu saquinhos com bolinhas de gude. Sabendo-se que ele encheu 20 saquinhos colocando 5 bolinhas em cada um, quantas bolinhas de gude ele guardou no total?

( ) 20 + 5 = 25
( ) 20 × 5 = 100
( ) 20 ÷ 5 = 4
( ) 20 – 5 = 15

215 Leia o problema e marque com um X as perguntas possíveis de responder:

Carlos estava muito animado com sua festa de aniversário e quis ajudar sua mãe a preparar os docinhos e salgados. Ele fez 30 brigadeiros e 20 beijinhos, ajudou a enrolar 15 quibes e 25 coxinhas. Sua mãe já havia feito 40 brigadeiros e 30 beijinhos, além de 45 quibes e 50 coxinhas.

( ) Quantos doces Carlos ajudou a preparar?

( ) Quantas pessoas foram convidadas para a festa?

( ) Quantos salgados Carlos fez?

( ) Quantos doces a mãe de Carlos fez sozinha?

( ) Quantos salgados ela fez?

( ) Qual o tamanho das coxinhas?

( ) Quantos doces havia na festa de Carlos?

( ) Quantos doces sobraram após o término da festa?

216 No Dia Mundial do Meio Ambiente do ano passado, Lucas e seus amigos organizaram um grande passeio de bicicleta pelo bairro. No sábado, foram 215 pessoas, já no domingo foram 289. Quantas pessoas andaram de bicicleta nesse fim de semana?

Dados do problema | **Cálculo(s)**

Resposta: ______________________________

217 Pensando no Dia Mundial do Meio Ambiente, Lucas também conseguiu algumas mudas de árvores para plantar na praça do bairro. Foram entregues 24 mudas a 4 crianças para que elas as plantassem na praça. Quantas mudas cada criança plantou?

Dados do problema | **Cálculo(s)**

Resposta: ______________________________

218 Na escola de Júlia, fizeram uma pesquisa para saber quantas famílias separam o lixo orgânico do reciclável. Após a pesquisa, foi divulgado que 870 famílias ainda não separam os dois tipos de lixo e que 514 famílias separam os lixos. Qual é a diferença entre as famílias que não separam o lixo e as famílias que separam?

Dados do problema **Cálculo(s)**

Resposta: ____

219 Em 5 de junho, é comemorado o Dia Mundial do Meio Ambiente. Uma escola fez uma campanha para sensibilizar os alunos e comprou 850 mudas de ipê-amarelo para distribuir. Para o 2 º ano, foram dadas 260 mudas; para o 3º ano, 185 mudas; e para o 4º ano, 267. O restante foi entregue para o 5º ano. Quantas mudas de ipê-amarelo foram dadas para os alunos do 5º ano?

Dados do problema **Cálculo(s)**

Resposta: ____

220 Na Festa Junina do ano passado, enfeitaram a escola com 518 bandeirinhas. Neste ano, quiseram deixá-la ainda mais decorada e usaram 690 bandeirinhas. Qual foi a diferença entre a quantidade de bandeirinhas utilizadas no ano passado e a quantidade utilizada neste ano?

Dados do problema **Cálculo(s)**

Resposta: ______________________________

221 Os alunos do 5º ano ficaram responsáveis por organizar a barraca da pescaria. Eles tiveram que distribuir igualmente 56 prendas em 8 saquinhos. Quantas prendas ficaram em cada saquinho?

Dados do problema **Cálculo(s)**

Resposta: ______________________________

222 Os alunos do 4º ano arrumaram as prendas da barraca Jogo das Argolas. Eram 4 caixas com 9 prendas em cada. Quantas prendas essa barraca recebeu?

Dados do problema	Cálculo(s)

Resposta: ______________________________

223 Na dança da Educação Infantil, eram esperados 495 alunos no total. Do período da manhã, dançaram 275 alunos e, do período da tarde, 130. Quantos alunos não dançaram?

Dados do problema	Cálculo(s)

Resposta: ______________________________

224 Uma costureira tem de entregar para a Festa Junina de uma escola 570 saias para compor o figurino junino. Na primeira semana de junho, fez 127 e na segunda semana, fez 125 saias. Quantas saias faltam para ela fazer?

Dados do problema **Cálculo(s)**

Resposta: ____

225 Os alunos da sala de Fernando estão se organizando para trabalharem na barraca da argola, na Festa Junina da escola. Eles precisam formar 5 grupos. Quantos alunos ficaram em cada grupo se há 35 na sala?

Dados do problema **Cálculo(s)**

Resposta: ____

226 Os alunos da sala de Juliana farão bolo de milho para venderem na barraca dos doces, na Festa Junina da escola. Cada pedaço de bolo será vendido por 4 reais. Quantos reais eles receberão se venderem 30 pedaços de bolo?

Dados do problema **Cálculo(s)**

Resposta: ______________________________

227 Os meninos da sala de Eduardo ficaram responsáveis pela produção de pipas, que serão entregues como prendas nas barracas da Festa Junina. Eles pretendem fazer 385 pipas e já fizeram 124 no período da manhã e 186 no período da tarde. Quantas pipas ainda precisam ser feitas?

Dados do problema **Cálculo(s)**

Resposta: ______________________________

228 Os alunos da Educação Infantil vão participar da decoração da Festa Junina. As salas do Infantil I colaboraram desenhando 735 balõezinhos, e as salas do Infantil II desenharam 517. Quantos balõezinhos o Infantil I desenhou a mais que o Infantil II?

Dados do problema | **Cálculo(s)**

Resposta: ______________________________

229 Na escola de Paulo, no período da manhã, estudam 512 alunos e, no período da tarde, estudam 331. No dia da festa, não compareceram 128 alunos. Quantos alunos foram a essa Festa Junina?

Dados do problema | **Cálculo(s)**

Resposta: ______________________________

230 Sérgio foi ao shopping e levou 480 reais para fazer compras. Ele comprou um tênis no valor de 215 reais e uma camiseta que custou 45 reais. Com quantos reais Sérgio ficou depois de pagar suas compras?

Dados do problema | **Cálculo(s)**

Resposta: ______________________________

231 Na escola de Gustavo, 25 alunos do 3º ano e 35 alunos do 4º ano se inscreveram para participar das competições de natação. O professor precisa formar 3 grupos com o mesmo número de alunos em cada grupo. Quantos alunos ficarão em cada grupo?

Dados do problema | **Cálculo(s)**

Resposta: ______________________________

232 Marcela quer assistir a três concertos de ópera no Teatro Municipal. Cada ingresso custa 120 reais. Ela tem 400 reais. Faltará ou sobrará dinheiro? Quanto?

Dados do problema **Cálculo(s)**

Resposta: ____

233 Durante o mês de maio, o cinema de um shopping exibiu 125 sessões de filmes para adultos e 98 sessões de filmes infantis. Sabendo-se que a média prevista para esse mês seria de 250 sessões, o cinema conseguiu atingir essa média? Se não conseguiu, quantas faltam?

Dados do problema **Cálculo(s)**

Resposta: ____

234 Beatriz tem 295 adesivos e sua amiga, Mirela, tem 150 adesivos a mais que ela. Quantos adesivos as meninas têm juntas?

Dados do problema **Cálculo(s)**

Resposta: ____

235 Uma doceira fez 80 brigadeiros, retirou 26 para uma encomenda e o restante dividiu em 6 caixas. Todas as caixas ficaram com a mesma quantidade de brigadeiros. Quantos brigadeiros ficaram em cada caixa?

Dados do problema **Cálculo(s)**

Resposta: ____

236 Assinale a alternativa correta:

a) Luciana leva meia hora para andar metade do caminho de sua casa até a escola. Quanto tempo ela leva para voltar da escola para casa pelo mesmo caminho?

a) 15 minutos b) 40 minutos c) meia hora

d) uma hora e) duas horas

---

b) Rui tem 9 bolinhas e Raul tem 17 bolinhas. Quantas bolinhas Raul deverá dar a Rui de modo que cada um fique com a mesma quantidade?

a) 2 b) 3 c) 4 d) 5 e) 6

Dados do problema **Cálculo(s)**

Resposta: ______________________________

c) Para comemorar o aniversário de Cristina, sua mãe comprou duas pizzas e cortou cada uma em oito pedaços. Como havia 14 crianças na festa, incluindo Cristina, quantos pedaços de pizza sobraram se cada criança comeu exatamente um pedaço?

a) 1 b) 2 c) 3 d) 4 e) 5

Dados do problema **Cálculo(s)**

Resposta: ______________________________

d) Marília e Luana estão numa plantação de girassol colhendo sementes. A cada hora de trabalho, Marília colhe oito sacos de sementes, enquanto Luana colhe dois sacos a menos. Quantos sacos de sementes as duas juntas colhem em três horas de trabalho?

a) 14 b) 30 c) 42 d) 48 e) 54

Dados do problema **Cálculo(s)**

Resposta: ______________________________

237 Marcos ganhou dinheiro de seus avós como presente de aniversário e resolveu gastá-lo com roupas de passeio. Foi à loja e comprou algumas peças que custaram 445 reais. Voltou para casa com 76 reais. Quantos reais Marcos ganhou de presente dos avós?

Dados do problema **Cálculo(s)**

Resposta: ______________________________

238 Lenita ganhou duas caixas de bombons. Em uma caixa, havia 22 bombons e na outra caixa havia 24. Lenita pegou 14 bombons para ela e o restante distribuiu igualmente entre suas quatro amigas. Quantos bombons cada amiga de Lenita recebeu?

Dados do problema **Cálculo(s)**

Resposta: ______________________________

239 Carla tinha 8 pacotes de bala com 5 balas em cada um. Ela resolveu dividir suas balas com suas 4 amigas. Quantas balas cada amiga recebeu?

Dados do problema | **Cálculo(s)**

Resposta: ______________________________

240 Durante as férias, Raul organizou sua estante de livros. Ele distribuiu igualmente 66 livros em 5 prateleiras. Quantos livros ele colocou em cada prateleira? Sobraram livros? Quantos?

Dados do problema | **Cálculo(s)**

Resposta: ______________________________

241 Antônio adora bolinhos de chuva e convidou 6 amigos para tomar lanche com ele. Cada um dos meninos comeu 9 bolinhos e ainda sobraram 12 na bandeja. Quantos bolinhos de chuva foram feitos no total?

Dados do problema **Cálculo(s)**

Resposta: ______________________________

242 Júlio tem 254 figurinhas e seu amigo Paulo tem 156. Na escola, Júlio ganhou dos seus amigos 86 figurinhas. Quantas figurinhas Júlio tem agora a mais que Paulo?

Dados do problema **Cálculo(s)**

Resposta: ______________________________

243 Os alunos do 3º ano estão estudando sobre a importância da reciclagem e resolveram fazer uma campanha para reciclar e reutilizar alguns materiais. Na classe de Marcos, os alunos conseguiram arrecadar 48 garrafas PET. A metade dessa quantidade seria usada na sala de Artes, na confecção de brinquedos; as garrafas restantes seriam divididas em 3 grupos para serem reutilizadas no projeto da série.

Quantas garrafas foram usadas na sala de Artes e quantas garrafas ficaram para cada grupo?

Assinale a alternativa correta:

( ) 26 garrafas para a sala de Artes e 9 garrafas para cada grupo.

( ) 24 garrafas para a sala de Artes e 6 garrafas para cada grupo.

( ) 24 garrafas para a sala de Artes e 8 garrafas para cada grupo.

Dados do problema **Cálculo(s)**

244 João e seus amigos começaram a participar da Campanha do Lacre das latinhas de alumínio no início do ano. Toda vez que recebiam os lacres, eles os guardavam em garrafas para doar. Até agora, já tinham conseguido encher três garrafas: uma com 1.003 lacres, outra com 965 e a última com 989. Quantos lacres eles têm até o momento?

Dados do problema **Cálculo(s)**

Resposta: ______________________

245 As turmas do 5º ano resolveram fazer uma gincana para arrecadar garrafas. Para cada garrafa PET arrecadada, a turma **ganhava 4 pontos**. Veja, abaixo, a quantidade que cada classe conseguiu juntar e complete a tabela.

Classe	Quantidades de garrafas	Total de pontos
5º Ano A	30	
5º Ano B	25	
5º Ano C	34	

a) Quantos pontos o 5º ano C fez a mais que o 5º ano A? ____________

b) Quantos pontos foram feitos no total? ____________

Espaço para cálculos

246 As turmas do 3º ano conseguiram arrecadar 836 garrafas PET, porém retiraram 248 para fazer alguns trabalhos com a professora de Música. Com quantas garrafas as turmas do 3º ano ficaram?

Dados do problema **Cálculo(s)**

Resposta: ______________________________

247 Os alunos do Fundamental II também se juntaram à campanha e organizaram as garrafas em caixas. Veja a quantidade de garrafas e caixas que cada turma organizou e assinale a alternativa correta:

a) O 6º ano tinha 27 garrafas para guardar em três caixas. Quantas garrafas ficaram em cada caixa?

( ) $27 \div 3 = 6$

( ) $27 \div 3 = 9$

( ) $27 \div 3 = 8$

b) O 7º ano tinha 32 garrafas para guardar em 4 caixas. Quantas garrafas ficaram em cada caixa?

( ) $32 \div 4 = 9$

( ) $32 \div 4 = 8$

( ) $32 \div 4 = 7$

Espaço para cálculos

248 O Ensino Médio ficou tão animado com a campanha que colocou como meta arrecadar 2.850 garrafas. A 1ª série arrecadou 1.015 garrafas; a 2ª série, 976 garrafas; e a 3ª série, 769. O Ensino Médio conseguiu atingir a meta estabelecida de 2.850 garrafas? Caso não, quantas garrafas faltaram?

Dados do problema | **Cálculo(s)**

Resposta: ______________________________

249 A Educação Infantil não poderia ficar de fora dessa campanha. Os alunos já conseguiram encher 5 caixas com 65 garrafas em cada uma. Quantas garrafas a Educação Infantil conseguiu arrecadar?

Dados do problema | **Cálculo(s)**

Resposta: ______________________________

250 Rafael, Guilherme e Leonardo foram conhecer o Projeto Tamar, na Praia do Forte, na Bahia. Na loja de produtos artesanais, cada um comprou uma mochila. A mochila que Rafael escolheu custou 267 reais, a do Guilherme 135 reais e a da do Leonardo 189 reais.

a) Quantos reais os três meninos pagaram pelas mochilas? ______

b) Qual a diferença entre o valor da mochila de Guilherme e a de Leonardo?

______

c) Quanto Rafael pagou pela mochila a mais que Guilherme?

______

Espaço para cálculos

251 Valéria gastou 598 reais no supermercado 230 reais na farmácia. Ela ainda ficou com 198 reais. Quantos reais Valéria tinha antes das compras?

Dados do problema **Cálculo(s)**

Resposta: ______

252 Mauro, Rodrigo e Eliana compraram juntos um lindo quadro por 1 700 reais para presentear seus pais na festa de 25 anos de casamento. Mauro e Rodrigo colaboraram com 821 reais cada um. Com quanto colaborou Eliana?

Dados do problema **Cálculo(s)**

Resposta: ______________________________

253 Os alunos de uma turma da escola irão ao teatro. Entre alunos, pais e professores, serão 84 pessoas. Cada um dos veículos que serão usados para levá-los tem capacidade para 6 pessoas. Quantos veículos serão necessários?

Dados do problema **Cálculo(s)**

Resposta: ______________________________

254 O prédio em que Ronaldo mora tem seis andares. Em cada andar há quatro apartamentos, sendo a metade deles com dois quartos e os outros com três quartos.

a) Quantos apartamentos com dois quartos há no prédio em que Ronaldo mora?

b) Quantos apartamentos com três quartos há nesse prédio?

Dados do problema **Cálculo(s)**

255 Francisco é eletricista e recebeu 580 reais por um trabalho que fez no sábado. No domingo, recebeu 569 reais por outro serviço. Com quantos reais ele ficou, se usou o dinheiro recebido no fim de semana para pagar uma conta de 455 reais?

Dados do problema **Cálculo(s)**

Resposta:

256 No sábado, Antônio, o padeiro da padaria Pão Quente, fez 478 pães de manhã e vendeu todos. À tarde, ele fez 547, mas só vendeu 312. Quantos pães ele vendeu nesse dia?

Dados do problema **Cálculo(s)**

Resposta: ______________________________

257 Em uma fábrica de brinquedos, o responsável pelo controle de qualidade fez as seguintes anotações:

Brinquedos	Perfeitos	Com pequenos defeitos
Carrinhos	308	83
Bonecas	415	75
Bolas	201	65

a) Qual o total de brinquedos perfeitos?

b) Qual é a diferença entre a quantidade de brinquedos perfeitos e de brinquedos com pequenos defeitos?

c) Invente uma pergunta, usando os dados da tabela, para seu colega responder.

Espaço para cálculos

258 Armando fez aniversário e ganhou muitos presentes. Ele ganhou 5 camisetas, 8 jogos diversos, 4 DVDs e 5 caixas de canetinhas. Dentro de cada caixa, há 36 canetinhas. Quantas canetinhas Armando ganhou?

Dados do problema	Cálculo(s)

Resposta: ______________________________

259 Fabiane comprou uma dúzia de bananas por 2 reais cada banana e uma caixa de jabuticabas por 35 reais. Quantos reais ela gastou?

Dados do problema	Cálculo(s)

Resposta: ______________________________

260 O campeonato mundial de Fórmula 1 de 2010 teve a seguinte classificação até a 14ª prova:

Mundial de Fórmula 1	
Mark Webber (Red Bull)	187
Lewis Hamilton (McLaren)	182
Fernando Alonso (Ferrari)	166
Jenson Button (McLaren)	165
Sebastian Vettel (Red Bull)	163
Felipe Massa (Ferrari)	124

a) Qual a diferença de pontos obtidos pelas equipes McLaren e Ferrari até a 14ª prova dessa temporada? ____________________

b) Quantos pontos a equipe Red Bull fez a mais que a equipe Ferrari?

____

Dados do problema **Cálculo(s)**

Resposta: ____________________

261 Em uma loja, havia 700 brinquedos. Na semana da criança, foram vendidos 108 jogos, 236 bonecas e 272 carrinhos. Com quantos brinquedos a loja ficou após a semana da criança?

Dados do problema | **Cálculo(s)**

Resposta: ______________________________

262 Uma loja de doces caseiros fez 124 bolos de cenoura com cobertura de chocolate e 156 bolos de fubá. Já foram vendidos 173 bolos. Quantos ainda não foram vendidos?

Dados do problema | **Cálculo(s)**

Resposta: ______________________________

263 Em uma sala de aula, as carteiras estavam organizadas em 9 fileiras com 7 carteiras em cada uma. Dessas carteiras, 5 estavam vazias. Quantas estavam ocupadas?

Dados do problema	Cálculo(s)

Resposta: ______________________________

264 No primeiro dia de uma campanha de doação de roupas, foram arrecadadas 12 peças de roupas. No segundo dia, esse número aumentou seis vezes. No terceiro dia, arrecadaram-se 120 peças. Quantas peças de roupas foram arrecadadas nessa campanha?

Dados do problema	Cálculo(s)

Resposta: ______________________________

265 Leia os enunciados abaixo dos exercícios A, B e C e complete os espaços com números de modo que os problemas possam ser resolvidos:

a) Da caixa que tinha ______ bombons, Juliana deu ______ para Renata e ______ para Laura. Com quantos bombons Juliana ficou?

Resposta: Juliana ficou com 56 bombons.

Espaço para cálculos

b) João comprou duas coleções de livros. Cada coleção contém ______ livros, e João quer distribuir esses livros igualmente em ______ prateleiras. Quantos livros ficarão em cada prateleira?

Resposta: Ficarão 5 livros em cada prateleira.

Espaço para cálculos

c) Dos ______________ reais que possuía, Marcela deu ______________ para sua filha e gastou ______________ na farmácia. Com quantos reais Marcela ficou?

Resposta: Marcela ficou com 120 reais.

Espaço para cálculos

266 Para assistir a um jogo de basquete, Murilo comprou um ingresso que custou 230 reais. Para pagar, usou três notas de cem reais. Quantos reais ele recebeu de troco?

Dados do problema

Cálculo(s)

Resposta: ______________________________

267 Juliano, amigo de Murilo, também comprou um ingresso para assistir ao jogo. Ele pagou o ingresso e ainda ficou com 95 reais. Quantos reais ele tinha?

Dados do problema	Cálculo(s)

Resposta: ____________________

268 Veja a quantidade de figurinhas de Gabriel e seus amigos.

- Gabriel tem 1 centena e duas dezenas a mais que Danilo.
- Danilo tem 4 dezenas de figurinhas a menos que Ricardo.
- Ricardo tem 86 figurinhas.
- Marcela está em desvantagem em relação à Ricardo. Ela tem a metade de suas figurinhas.

Escreva a quantidade de figurinhas de cada criança.

Nome	Figurinhas
Gabriel	
Danilo	
Ricardo	
Marcela	

Cálculo(s)

269 Daniela coleciona lápis coloridos. Ela já tem 69, mas quer ficar com 2 centenas. Para conseguir a sua meta, ela precisará de quantos lápis coloridos?

Dados do problema **Cálculo(s)**

Resposta: ________________________________

270 Os meninos do 3º ano estão trocando *cards*. Fernando tem 20 dezenas em seu álbum, seu amigo Sérgio tem o dobro dessa quantidade e Carlinhos tem a metade das figurinhas de Fernando.

a) Quantos cards tem cada menino? ________________

b) Quantos cards eles têm juntos? ________________

c) Quantos cards Sérgio tem a mais que Carlinhos? ________________

d) Quantos cards Carlinhos tem a menos que Fernando? ________________

Espaço para cálculos

271 Os números das camisas

O João disse:

— O meu número é igual à soma dos dedos das minhas mãos.

O Pedro disse:

— E o meu é metade do seu!

O Francisco disse:

— O meu número é o dobro do número do José.

O Antônio disse:

— Bem, pelas minhas contas, já sei qual é a minha camisa.

A que jogador pertence cada uma das camisas?

Nº 14 → ____________ Nº 7 → ____________

Nº 10 → ____________ Nº 5 → ____________

Nº 18 → ____________

---

272 Resolva os problemas A, B, C e D, e assinale a alternativa correta.

a) Luísa tem 400 reais e quer comprar 4 jogos de lençóis. Cada jogo custa 75 reais. Quanto ela gastará comprando os jogos de lençóis?

a) $75 + 4 =$ b) $4 \times 75 =$ c) $400 - 75 =$ d) $75 \div 4 =$

Dados do problema **Cálculo(s)**

Resposta: ____________

b) Nas férias escolares, foram comprados 38 jogos de Matemática para serem distribuídos igualmente entre as 4 salas do 2º ano. Quantos jogos ficaram em cada? Quantos sobraram?

a) $38 \div 4 =$ b) $4 \times 38 =$ c) $38 - 4 =$ d) $38 + 4 =$

Dados do problema **Cálculo(s)**

Resposta: ______________________________

c) Tiago é fotógrafo e gosta de guardar suas fotografias em álbuns. Em cada álbum, cabem 46 fotografias. Sabendo que Tiago tem oito álbuns completos, quantas fotografias ele tem?

a) $46 + 8 =$ b) $8 \times 46 =$ c) $46 - 8 =$ d) $46 \div 8 =$

Dados do problema **Cálculo(s)**

Resposta: ______________________________

d) Um rolo de tecido tem 35 metros. Marina precisa cortar o tecido em 7 pedaços iguais. Quantos metros terá cada pedaço?

a) $35 \div 7 = 5$ b) $35 \times 7 = 245$ c) $35 + 7 = 42$

Dados do problema | **Cálculo(s)**

Resposta: ______________________________

273 Para a festa de formatura de seu filho, Marina encomendou 250 esfirras, 160 coxinhas, 120 beijinhos, 240 brigadeiros e 158 quibes. Ao final da festa, sobraram 54 salgados. Quantos salgados foram consumidos durante a festa?

Dados do problema | **Cálculo(s)**

Resposta: ______________________________

274 Uma caminhonete está transportando 56 pacotes com 5 quilos de açúcar cada um. De quantos quilos é a carga que a caminhonete transporta?

Dados do problema	Cálculo(s)

Resposta: ______

275 Veja as respostas dos problemas A, B, C, D e E e assinale o número que está faltando:

a) Frederico e Clara colecionam gibis. Frederico tem 54 gibis e Clara tem ______ vezes mais que ele. Quantos gibis tem Clara?

Resposta: Clara tem 162 gibis.

a) 4 b) 6 c) 3 d) 5

Dados do problema	Cálculo(s)

b) Um álbum tem __________ páginas com espaço para 9 figurinhas em cada página. Quantas figurinhas cabem nesse álbum?

Resposta: Cabem no álbum 324 figurinhas.

a) 35 b) 34 c) 36 d) 37

Dados do problema **Cálculo(s)**

c) Letícia tem __________ livros. Sueli tem 4 vezes mais que Letícia. Quantos livros tem Sueli?

Resposta: Sueli tem 180 livros.

a) 35 b) 34 c) 45 d) 54

Dados do problema **Cálculo(s)**

d) Uma caixa de clipes tem 56 unidades. Quantos clipes há em ________ caixas?

Resposta: Há 280 clipes em ________ caixas.

a) 6 b) 5 c) 7 d) 41

Dados do problema	Cálculo(s)

e) José comprou 4 caixas de lápis com ________ lápis em cada caixa. Quantos lápis ele comprou?

Resposta: Ele comprou 208 lápis.

a) 32 b) 54 c) 52 d) 60

Dados do problema	Cálculo(s)

276 Seu Joaquim é dono de uma padaria. Todos os dias, são feitos vários tipos de pães e doces. Para isso, ele compra 100 sacos de farinha diariamente. Aos sábados, é preciso comprar um pouco mais, pois são vendidos muitos pãezinhos. Nesse sábado, foram vendidos 1 325 pães de manhã e 587 à tarde. Seu Joaquim tinha pedido para fazer 1 950 pães. Quantos pães foram vendidos no sábado? E quantos sobraram?

Dados do problema | **Cálculo(s)**

Resposta: ______________________________

277 A diferença entre a idade de meus pais é de 10 anos e a diferença entre a minha idade e a idade de minha mãe é de 31 anos. Meu pai tem 53 anos. Quantos anos eu tenho?

Dados do problema | **Cálculo(s)**

Resposta: ______________________________

278 Gabriela, Daniela e Solange fazem balas de coco para vender e estão quase completando a quantidade de balas encomendadas por uma cliente. Para qual das três faltam menos balas para completar a encomenda?

Resposta: ______________________________

Espaço para cálculos

279 Os Robôs do Professor MATEMA:

O livro da história do professor Matema conta que, um dia, ele construiu quatro robôs, o Nume, o Reve, o Tal e o Zás, de tal forma que:

- o Zás tem olhos quadrados;
- o Reve e o Tal não têm boca;
- o Reve não tem quadrados no painel de comandos.

Escreva, nas linhas abaixo dos robôs, o nome de cada um deles.

__________ __________ __________ __________

---

280 Alberto, Mário e Marta foram à loja de brinquedos. Alberto levou 72 reais, Mário levou 53 reais e Marta levou 90. Cada uma das crianças comprou um jogo por 35 reais. Marque um X nas frases verdadeiras.

a) ( ) Todos podem comprar outro jogo.

b) ( ) Apenas Alberto pode comprar outro jogo.

c) ( ) O troco de Marta é maior do que o dos outros.

d) ( ) O troco de Mário é o menor de todos.

e) ( ) Marta pode comprar três jogos.

Dados do problema **Cálculo(s)**

Resposta: ____

281 Dona Cleusa fez muitos biscoitos de manteiga. Ela guardou os biscoitos em 5 caixas com 12 biscoitos em cada uma e 4 saquinhos com 13 biscoitos em cada um. Onde há mais biscoitos, nas caixas ou nos saquinhos? Quantos a mais?

Dados do problema **Cálculo(s)**

Resposta: ____________________

284 No carrinho de sorvete do senhor Jorge, há 87 picolés. Ele quer guardá-los igualmente em 6 caixas dentro do carrinho. Quantos picolés ficarão em cada caixa? Sobrarão picolés fora das caixas?

Dados do problema **Cálculo(s)**

Resposta: ____________________

285 Um florista tem 264 rosas para colocar em oito vasos. Quantas rosas ficarão em cada vaso?

Dados do problema	**Cálculo(s)**

Resposta: ______________________________

286 Rafael comprou 189 pacotes de figurinhas e quer distribuí-los entre seus três sobrinhos igualmente. Quantas figurinhas cada um receberá?

Dados do problema	**Cálculo(s)**

Resposta: ______________________________

287 Chegaram 96 livros novos à biblioteca da escola. Vanessa precisa distribuí-los igualmente em 4 prateleiras. Quantos livros ela colocará em cada prateleira?

Dados do problema **Cálculo(s)**

Resposta: ____________________

288 No domingo, havia 557 pessoas no zoológico. Chegou um ônibus com 42 pessoas. Como começou a chover, 217 pessoas foram embora. Quantas pessoas ficaram no zoológico?

Dados do problema **Cálculo(s)**

Resposta: ____________________

289 Os funcionários de um supermercado precisam empacotar 268 quilos de arroz para montar cestas básicas. Para isso, usarão sacos de 2 quilos. Quantos sacos serão necessários?

Dados do problema **Cálculo(s)**

Resposta: ______________________________

290 A prefeitura de Londrina pretende construir 800 casas para a população. A meta é construir 93 casas por mês. Em 7 meses, todas as casas terão sido construídas? Justifique.

Dados do problema **Cálculo(s)**

Resposta: ______________________________

____

291 Escolha a pergunta adequada para cada resposta e resolva os problemas **A** e **B**.

a) Uma escola tem 645 alunos. Na eleição para presidente do Clube Estudantil, votaram 246 meninas e 138 meninos.

Resposta: Faltam votar ________ alunos.

a) (   ) Quantos alunos votaram?

b) (   ) Quantas meninas votaram?

c) (   ) Quantos alunos faltam votar?

Dados do problema

Cálculo(s)

b) Um supermercado recebeu 89 caixas com 6 copos de iogurte em cada uma.

Resposta: O supermercado recebeu ________ copos de iogurte.

a) (   ) Quantas caixas o supermercado recebeu?

b) (   ) Quantos copos de iogurte o supermercado recebeu?

c) (   ) Quantos copos de iogurte há em cada caixa?

Dados do problema

Cálculo(s)

292 Complete os problemas A e B com as palavras que faltam e resolva-os:

a) Murilo e Marcelo estão ______________ dinheiro para comprar uma guitarra que custa 500 reais. Murilo já conseguiu guardar 124 reais e Marcelo, 137 reais. Quantos reais eles ______________ guardar? Quantos reais ______________ para comprar a guitarra?

conseguiram – sobram – faltam – guardando – gastando

Dados do problema	**Cálculo(s)**

Resposta: ______________________________

b) Ricardo ______________ dois presentes para o seu pai. Uma chuteira no valor de 376 reais e um par de meias no valor de 36 reais. Ele ______________ com 5 notas de 100 reais. Quantos reais ______________?

gastou – sobraram – pagou – comprou – vendeu

Dados do problema	**Cálculo(s)**

Resposta: ______________________________

293 O teatro de uma escola tinha 580 lugares. Para o ano seguinte, resolveram fazer uma reforma e foram acrescentados 175 lugares. No início do ano, perceberam que 120 cadeiras não estavam boas e retiraram-nas do teatro. Com quantos lugares ficou o teatro da escola?

Dados do problema **Cálculo(s)**

Resposta: ______________________________

294 As ovelhas, os porcos e os burros:

Numa feira de trocas, um burro vale quatro porcos e um porco vale cinco ovelhas.

Com quarenta ovelhas, quantos burros é possível obter? ______________

295 Guilherme tem uma coleção com 378 selos. Saulo, seu primo, tem o triplo dessa quantidade.

a) Quantos selos Saulo tem a mais que Guilherme? ____________________

b) Quantos selos os dois têm juntos? ____________________

Dados do problema **Cálculo(s)**

296 Kátia faz quadrinhos decorados com ladrilhos de mosaico. Hoje ela vai decorar cada quadrinho com 4 ladrilhos e, para esse trabalho, ela separou 128 ladrilhos.

a) Quantos quadrinhos ela fará? ____________________

b) Se ela fizer o dobro de quadros, de quantos ladrilhos ela precisará?

____

Dados do problema **Cálculo(s)**

297 No mês de julho, um parque de diversões fez um levantamento da quantidade de visitantes em cada brinquedo. O carrossel foi escolhido por 157 meninos e 174 meninas. O ingresso do carrossel custava 5 reais.

a) Quantas crianças escolheram o brinquedo carrossel? ______

b) Quantos reais foram arrecadados com esse brinquedo? ______

Dados do problema **Cálculo(s)**

298 As salas da escola "Canarinho" arrecadaram lacres de metal para a campanha da cadeira de rodas nos meses de agosto e setembro. Observe a tabela da arrecadação:

CLASSES	AGOSTO	SETEMBRO	TOTAL
2º ano	230	478	
3º ano	328		688
4º ano		421	786
5º ano	297	651	948

a) Complete a tabela com os valores que estão faltando.

b) Qual turma arrecadou mais lacres? ______

c) Quantos lacres a turma do 4º ano arrecadou a mais que a do 3º ano?

______

d) Quantos lacres o 2º ano arrecadou a menos que o 5º ano?

______

Espaço para cálculos

299 Numa escola de idiomas, trabalham três professores muito amigos. Um dá aulas de Inglês, outro de Francês e o terceiro de Alemão. Eles lecionam em horários diferentes e adoram praticar esportes.

Seguindo as informações abaixo, descubra as atividades de cada professor, completando a tabela:

Pistas:

1 – Roberto trabalha 120 minutos por dia.

2 – Mauro trabalha com Inglês e não pratica vôlei.

3 – O professor de Francês trabalha 4 horas.

4 – Quem trabalha 2 horas pratica vôlei.

5 – Pedro não leciona Inglês e faz natação.

6 – O professor que luta judô trabalha 360 minutos.

7 – Quem trabalha menos tempo ensina Alemão.

Nome do professor	Idioma que leciona	Horas que trabalha por dia	Esporte que pratica

300 Numa mesa quadrada, podem sentar-se quatro pessoas. Durante o lanche, os alunos juntaram sete mesas quadradas para formar uma mesa longa e retangular. Quantas pessoas podem sentar-se à mesa longa?

a) 14 b) 16 c) 21 d) 24 e) 28

---

301 Sara decidiu ajudar Mateus e Clarissa nos preparativos para uma festa e fará com eles bandeirinhas para enfeitá-la. Eles prepararam 178 bandeirinhas verdes e 190 azuis e distribuirão essas bandeirinhas em 4 barbantes em quantidades iguais. Quantas bandeirinhas serão colocadas em cada barbante?

Dados do problema **Cálculo(s)**

Resposta: ______________________________

302 Mariana é bibliotecária. Ela recebeu 7 caixas com 18 livros em cada uma. Precisa organizar esses livros em 9 prateleiras em quantidades iguais. Quantos livros ela colocará em cada prateleira?

Dados do problema	Cálculo(s)

Resposta: ____________________

303 No último dia de aula, os alunos do 3º ano resolveram fazer um lanche coletivo para comemorar a chegada das férias. Para isso, prepararam muitas comidinhas gostosas, como bolos, doces e tortas salgadas. Soraia preparou beijinhos e separou 9 caixas com 45 docinhos em cada. Quantos beijinhos Soraia levou para o lanche?

Dados do problema	Cálculo(s)

Resposta: ____________________

304 Quatro crianças chegaram atrasadas ao colégio com intervalo de 5 minutos entre cada uma. Partindo das pistas abaixo, descubra o nome das crianças, o sobrenome delas e o ano a que pertencem e preencha os cartões.

Horários: 13h20, 13h25, 13h30, 13h35.

Nomes: Ronaldo, Rafael, Ricardo e Rodrigo.

Sobrenomes: Silva, Souza, Santiago, Santos.

Pistas:

1 – Ricardo é o aluno mais novo.

2 – Rafael chegou depois de Santiago.

3 – Ronaldo está no ano mais avançado e chegou depois de Souza.

4 – Rodrigo, que não é do 4º ano, chegou às 13h25.

5 – O aluno cujo sobrenome é Silva chegou às 13h20.

6 – O aluno de sobrenome Santos é o mais velho.

13h20
Nome: ____________
Sobrenome: ____________
1º ano

13h25
Nome: ____________
Sobrenome: ____________
2º ano

13h30
Nome: ____________
Sobrenome: ____________
3º ano

13h35
Nome: ____________
Sobrenome: ____________
4º ano

305 Renata fez algumas tortas com sua mãe e resolveu levá-las cortadas. Os 84 pedaços de torta foram guardados igualmente em 6 caixas. Quantos pedaços ficaram em cada caixa?

Dados do problema	Cálculo(s)

Resposta: ______________________________

Impressão e Acabamento
Bartiragráfica
(011) 4393-2911